W0064866

LITERATHEK

Herausgegeben von Anne Steiner und Florian Radvan

Ödön von Horváth

Jugend ohne Gott

Text und Materialien
bearbeitet von Annette Kliewer

Literathek

Ödön von Horváth **Jugend ohne Gott**

Redaktion Grit Ellen Sellin

Layout und technische Umsetzung zweiband.media GmbH, Berlin

Umschlaggestaltung und -illustration HOX designgroup, Kay Bach, Köln

Umschlagslayout Corinna Babylon, Berlin

Bildquelle akg-images/Imagno/Önb (S. 6)

www.cornelsen.de

Dieses Werk berücksichtigt die Regeln der reformierten Rechtschreibung und
Zeichensetzung. Ausnahmen bilden Originaltexte, bei denen lizenzrechtliche Gründe
einer Änderung entgegenstehen.

1. Auflage, 1. Druck 2020

Alle Drucke dieser Auflage sind inhaltlich unverändert
und können im Unterricht nebeneinander verwendet werden.

Druck: H. Heenemann, Berlin

ISBN 978-3-06-200318-9

PEFC zertifiziert

Dieses Produkt stammt aus nachhaltig
bewirtschafteten Wäldern und kontrollierten
Quellen.

www.pefc.de

PEFC™
PEFC/04-31-1156

Inhalt

Kurzbiografie _____ **6**

Jugend ohne Gott _____ **15**

Sachinformationen

    Der zeitliche Hintergrund des Romans _____ **149**

    Die Generationenkonflikte
    nach dem Ersten Weltkrieg _____ **153**

    Neue Sachlichkeit _____ **157**

    Entstehung und Rezeption des Romans _____ **161**

Materialien

    Sebastian Haffner: Geschichte eines Deutschen.
    Die Erinnerungen 1914–1933 _____ **166**

    Adolf Hitler: Reichenberger Rede (02.12.1938) __ **168**

    Ödön von Horváth: Sportmärchen –
    Der Faustkampf, das Harfenkonzert und
    die Meinung des lieben Gottes _____ **170**

    Carl Misch: Ewige Opposition der Jugend.
    Ödön von Horváths Schüler-Roman
    (12.11.1937) _____ **172**

    Ödön von Horváth: Interview in
    Wiener Allgemeine Zeitung (05.07.1931) _____ **173**

Kurzbiografie

Ödön von Horváth

Ödön von Horváth zur Zeit der Entstehung des Romans
Jugend ohne Gott (vermutlich 1938)

»Wenn kein Charakter mehr geduldet wird, sondern nur der Gehorsam, geht die Wahrheit und die Lüge kommt.« Ödön von Horváth in *Jugend ohne Gott* (S. 112)

Ödön (Edmund) Josip (Josef) von Horváth wurde am 9. Dezember 1901 als erster Sohn des österreichisch-ungarischen Diplomaten Dr. Edmund Josef von Horváth (1874–1950) und seiner Frau Maria Lulu Hermine (1882–1959) in Fiume geboren. Fiume gehörte damals zum Kaiserreich und Königreich Österreich-Ungarn. Heute heißt der Ort Rijeka und liegt in Kroatien. Der Vater stammte aus Ungarn, die Mutter aus einer ungarisch-deutschen Familie, und so sah Horváth sich selbst als »typische österreichisch-ungarische Mischung« (Horváth 2008, S. 94). Seine Muttersprache war Deutsch, er wurde liberal erzogen. Die Familie zog aufgrund des Berufs des Vaters mehrfach um – nach Budapest, München, Pressburg (heute Bratislava), Wien, und der junge Horváth besuchte verschiedene Schulen. Er war nie ein guter Schüler, blieb zweimal sitzen, was vermutlich auf die Orts- und Sprachwechsel zurückzuführen ist. Bereits als Jugendlicher schrieb Horváth viel, war sich jedoch immer wieder in Bezug auf seine Schriften unsicher und vernichtete vieles davon.
Nach dem Abitur 1919 begann Horváth an der Ludwig-Maximilians-Universität München ein Studium der Psychologie, Literatur- und Theaterwissenschaft. 1922 gab er das Stu-

dium auf, weil er sich verstärkt dem Schreiben widmen wollte. Seit 1920 hatte er auf Anregung des Komponisten Siegfried Kallenberg (1867–1944) verschiedene literarische Texte verfasst. *Das Buch der Tänze* wurde 1922 in München zunächst als Lesung mit Orchester aufgeführt. Die szenische Uraufführung am Osnabrücker Theater folgte und rief negative Bewertungen hervor. Auch aus diesem Grund distanzierte sich Horváth von diesem Stück, sodass er mithilfe seines Vaters die gesamte Auflage aufkaufte und vernichtete. Neben Liedern für Siegfried Kallenberg entstanden auch erste Dramen.

1923 zog Horváth in die Metropole Berlin um, pendelte jedoch immer wieder in die Provinz zu seinen Eltern nach Murnau in Oberbayern. Diese hatten in dem kleinen Ort eine Villa gekauft. Für ihn waren beide Orte wichtig: die Kleinstadt Murnau und die pulsierende Großstadt Berlin. Berlin war das Zentrum der »Goldenen Zwanziger«, aber auch die Stadt, in der sich das Elend der Bevölkerung nach der Inflation von 1923 am deutlichsten zeigte. Horváth griff diese Diskrepanz in seinen »Volksstücken« auf und legte besonders die verlogene Mentalität der Kleinbürger in der Weimarer Republik offen, gemäß seiner Überzeugung: Deutschland bestünde zu »neunzig Prozent aus vollendeten oder verhinderten Kleinbürgern« (Horváth 2008, S. 115).

In der Kleinstadt Murnau fand Horváth den Stoff zum Schreiben. Hier konnte er besonders die gesellschaftlichen Zustände beobachten, die den Aufstieg des Nationalsozialismus begünstigten, hier begegneten ihm die Figuren und Motive. Die meisten Manuskripte aus dieser Zeit vernichtete Horváth, er vertraute seiner schriftstellerischen Begabung nicht genug. Doch an den kurzen Prosatexten *Sportmärchen* (1923/24) hielt er fest. Darin folgte er satirisch einer Mode seiner Zeit, die Autosport, Fußball oder Boxen als Ausdruck von Kultur wahrnahm, und schrieb gegen die Verdrängung von Geist und Kunst durch Sport an. Diese und andere Kurztexte wurden in verschiedenen Zeitungen und Zeitschriften veröffentlicht.

Die Zeit zwischen 1927 und 1933 gilt als die produktivste Phase des Autors. Hovárth schrieb Erzählungen, Reiseberichte und andere Kurztexte. 1929 erschienen die Dramen *Zur schönen Aussicht* und *Die Bergbahn* (ursprünglich: *Revolte auf der Côte 3018*). Aufgrund seines Erfolgs als Autor konnte Horváth einen Vertrag mit dem Ullstein-Verlag abschließen und war das erste Mal von seinen Eltern finanziell unabhängig. 1929 und 1930 wurden seine ersten Romane *Sechsunddreißig Stunden* und *Der ewige Spießer* veröffentlicht, die das Leben des Kleinbürgertums ins Zentrum des Geschehens stellten. 1929 trat er aus der katholischen Kirche aus, schien sich aber weiter persönlich mit der Suche nach Gott auseinanderzusetzen, vor allem in seinen letzten Lebensjahren.

In Berlin folgten 1931/32 die Uraufführungen seiner Stücke *Italienische Nacht*, *Geschichten aus dem Wiener Wald* und *Kasimir und Karoline*. Alle Stücke greifen das gesellschaftliche Elend und die politischen Kämpfe der Weimarer Republik auf. Presse und Publikum waren begeistert. Mit der Machtübernahme durch die Nationalsozialisten 1933 konnte die Uraufführung von *Glaube Liebe Hoffnung* nicht mehr stattfinden, auch eine Aufführung von *Geschichten aus dem Wiener Wald* am Thalia-Theater in Hamburg wurde abgesagt. In vielen seiner Stücke übt Horváth direkt oder indirekt Kritik an dem Erstarken des Nationalsozialismus. Ein Erlebnis schockierte ihn besonders: Am 1. Februar 1931 griff ein SA-Trupp eine sozialistische Versammlung in Murnau an. Es gab viele Verletzte. Horváth belastete als Zeuge die Nationalsozialisten. Von der Öffentlichkeit wurde seine Aussage jedoch als voreingenommen kritisiert. Aufgrund seiner Sympathie zu den Linken wurde Horváth von den Nationalsozialisten als Vertreter der linken Kulturelite der Weimarer Republik gesehen. Als »Salonkulturbolschewisten« bezeichnet ihn der nationalsozialistische *Völkische Beobachter* (Walter 2017, S. 357), als Schriftsteller fragwürdiger Herkunft (»Mischling altösterreichischer Rasse« [Bartsch 2000, S. 48]). Er konterte, sie hätten einen »Sauherdenton« (Walter 2017, S. 357).

Kurzbiografie

Als die Villa seiner Eltern 1933 durchsucht und seine Schriften bei der Bücherverbrennung im 10. Mai 1933 auch vernichtet wurden, ging er ins Ausland. Ab September 1933 bestand ein Aufführungsverbot für seine Stücke an allen deutschen Theatern. Horváth war in seiner Existenz bedroht. Zunächst zog er sich nach Wien und nach Henndorf am Wallersee in der Nähe von Salzburg zurück, wo sich um Carl Zuckmayer ein Kreis von Schriftstellern und Intellektuellen gebildet hatte. 1933 heiratete Horváth die jüdische Sängerin Maria Elsner, die Ehe wurde aber 1934 wieder geschieden.

Horváths Haltung gegenüber den gesellschaftlichen Verhältnissen schwankte: Einerseits äußerte er sich in seinen Texten gegen den aufsteigenden Nationalsozialismus, andererseits bat er am 11. Juli 1934 um die Aufnahme in den *Reichsverband Deutscher Schriftsteller*, vermutlich um seine wirtschaftliche und künstlerische Existenz zu sichern. Er kehrte nach Berlin zurück, trat dem 1934 neu gegründeten Verband *Union nationaler Schriftsteller* bei und arbeitete als Autor im Filmgeschäft. Horváth widerrief seine Zusage zur Mitarbeit an der Exilzeitschrift *Die Sammlung* und zog 1933 die Zusage, einen offenen Brief des österreichischen PEN-Clubs gegen den Nationalsozialismus zu unterschreiben, wieder zurück. Diese Reaktion schockierte viele Schriftstellerkolleginnen und -kollegen. Oskar Maria Graf veröffentlichte einen offenen Brief gegen Horváth, in dem er schrieb:

> »Der langen Rede kurzer Sinn: Du willst Dir nach keiner Seite irgendein Geschäftchen verderben. Mit solchen Leuten, deren Gesinnung nicht weiter reicht als ihr Maul und die bei einem so geringfügigen Ansinnen, das an ihren kollegialen Anstand gestellt wird (von einem Solidaritätsbewusstsein ganz zu schweigen!), die Flucht ergreifen, habe ich nichts zu schaffen« (zit. nach Lunzer 2001, S. 109).

Horváth zog wieder zurück nach Henndorf. In den Jahren 1935 bis 1937 arbeitete er unter dem Pseudonym H. W. Becker an verschiedenen Filmprojekten. Er war als Co-Autor am Drehbuch zur Verfilmung von Johann Nestroys *Einen Jux will er sich machen* beteiligt und verfasste unter anderem die Drehbücher zu den Filmen *Buchhalter Schnabel* und *Rendez-vous in Wien*. Er sah diese Projekte aber als reinen Broterwerb an und schrieb über sich selbst: »Es gibt nichts Entsetzlicheres als eine schreibende Hur« (Horváth 2008, S. 123).

Im Juli 1936 wurde Horváth endgültig aus Deutschland ausgewiesen, sein Name im Februar 1937 von der Mitgliederliste der Reichsschrifttumskammer gestrichen. Das bedeutete ein Verkaufsverbot. Auch seine neuen Stücke *Eine Unbekannte aus der Seine* (1933), *Hin und Her* (1934), *Mit dem Kopf durch die Wand* (1934) und *Don Juan kommt aus dem Krieg* sowie *Figaro lässt sich scheiden* (beide 1936) konnten in Deutschland und Österreich nicht mehr aufgeführt werden. Horváths finanzielle Situation verschlechterte sich. Trotzdem blieb er produktiv und schrieb vier weitere Theaterstücke (*Pompeji. Komödie eines Erdbebens*, *Ein Dorf ohne Männer*, *Himmelwärts* und *Der jüngste Tag* – alle aus dem Jahr 1937) und von Juni bis August 1937 den Roman *Jugend ohne Gott*.

Nach dem »Anschluss« Österreichs an das Deutsche Reich am 13. März 1938 hielt Horváth sich hauptsächlich in Ungarn auf und veröffentlichte in dem Amsterdamer Exilverlag Allert de Lange. Hier erschien am 26. Oktober 1937 *Jugend ohne Gott*. Kurze Zeit später wurde das Buch außerhalb von Deutschland positiv besprochen, u. a. von Thomas Mann und Hermann Hesse, und in acht Sprachen übersetzt. Im Deutschen Reich wurde dagegen der Roman mit Beschluss vom 7. März 1938 verboten.

Horváth reiste 1938 über Prag, Jugoslawien, Triest, Venedig, Mailand und Zürich nach Amsterdam, wo er die Herausgabe seines letzten Romans *Ein Kind unserer Zeit* besprach. Es gelang ihm, eine Einreisegenehmigung für die USA zu bekommen.

Am 1. Juni 1938 traf er sich mit dem Regisseur Robert Siodmak in Paris, um mit ihm über die Verfilmung des Romans *Jugend ohne Gott* zu sprechen. Nach diesem Gespräch wurde er während eines Gewitters auf den Champs-Élysées (gegenüber dem Théâtre Marigny) von einem herabstürzenden Ast erschlagen. Horváth war schon seit Langem sehr abergläubisch gewesen und nutzte deshalb zum Beispiel keine Aufzüge, weil ein Wahrsager ihm vorausgesagt hatte, dass ihm in den ersten Tagen des Juni 1938 auf einer Reise das bedeutendste Ereignis seines Lebens bevorstünde. Er soll auch kurz zuvor seinem Freund Klaus Mann gesagt haben:

> »Vor den Nazis habe ich keine so sehr große Angst [...] Es gibt ärgere Dinge, nämlich die, vor denen man Angst hat, ohne zu wissen, warum. Ich fürchte mich zum Beispiel vor der Straße. Straßen können einem übelwollen, können einen vernichten. Straßen machen mir Angst« (Mann 1997, S. 312).

Am 7. Juni 1938 wurde Ödön von Horváth auf dem Friedhof Saint-Ouen nahe Paris in Anwesenheit seiner Familie und vieler Exilautorinnen und -autoren beerdigt. 1988 wurden die Reste seiner Gebeine auf den Heiligenstädter Friedhof in Wien umgebettet.

Noch 2015 fand sich ein verloren gegangener Text, Horváths 1924 fertiggestelltes Theaterstück *Niemand*. Der Verlag, der es veröffentlichen sollte, hatte damals jedoch Bankrott angemeldet.

Horváth wurde nach 1945 vergessen und erst im Zuge der Studentenbewegung und der Aufarbeitung der Weimarer Republik in den 1960er Jahren wiederentdeckt: Seine »Volksstücke« wurden auf den Bühnen in Deutschland und Österreich gespielt. In Reaktion auf Horváths *Gebrauchsanweisung für Dramen* wurde von Autoren wie Rainer Werner Fassbinder, Franz Xaver Kroetz oder Martin Sperr das »Neue Volksstück« entwickelt, das wie Horváth »den kleinen Mann« in den Blick nimmt. Besonderes Interesse fand Horváths Konzept der »Demaskierung des Bewusstseins« (Horváth 2008, S. 114), das einen kritischen Blick auf die Menschen wirft, die von der Gesellschaft verformt werden, ohne sich selbst darüber bewusst zu sein. Einige seiner Werke wurden verfilmt. Allein von *Jugend ohne Gott* gibt es vier Verfilmungen, die jeweils unterschiedliche Aspekte der Romanvorlage betonen.

In den letzten Jahren wurde vor allem die widersprüchliche Rolle Horváths im Nationalsozialismus neu aufgearbeitet, so zum Beispiel in der historisch-kritischen Ausgabe von Klaus Kastberger und Evelyne Polt-Heinzl, der sogenannten »Wiener Ausgabe« (seit 2009). Diese Forschungsarbeit erlaubt einen neuen Blick auf die Zwänge, denen sich Schriftsteller/-innen im Nationalsozialismus unterworfen sahen.

Literatur

Bartsch, Kurt: Ödön von Horváth. Stuttgart: Metzler 2000 (Sammlung Metzler. Band 326).

Hildebrandt, Dieter: Ödön von Horváth in Selbstzeugnissen und Bilddokumenten. Reinbek bei Hamburg: Rowohlt 1975.

Horváth, Ödön von: Prosa und Stücke. Hrsg. von Kurt Bartsch. Frankfurt/Main: Suhrkamp 2008.

Horváth, Ödön von: Wiener Ausgabe sämtlicher Werke, Band 15. Hrsg. von Nicole Streitler-Kastberger unter Mitarbeit von Sabine Edith Braun und Martin Vejvar. Berlin/Boston: de Gruyter 2013.

Kastberger, Klaus: Sich ins Exil schreiben: Ödön von Horváths Jugend ohne Gott. https://www.academia.edu/22787735/ Sich_ins_Exil_schreiben._Horv%C3%A1ths_Jugend_ohne_Gott_2013_ [17.04.2020].

Krischke, Traugott: Ödön von Horváth. Kind seiner Zeit. Berlin: Ullstein 1998.

Lunzer, Heinz/Lunzer-Talos, Victoria/Tworek, Elisabeth: Horváth. Einem Schriftsteller auf der Spur. Salzburg/Wien: Residenz-Verlag 2001.

Mann, Klaus: Der Wendepunkt. Frankfurt: Rowohlt 1997.

Walter, Hans-Albert: Deutsche Exilliteratur 1933–1950. Bd. 1, 2: Weimarische Linksintellektuelle im Spannungsfeld von Aktion und Repression. Stuttgart: Metzler 2017.

Ödön von Horváth

Jugend ohne Gott

Die Schreibweise wurde an die neue Rechtschreibung angepasst, der umgangssprachliche Teil wurde jedoch beibehalten. Im Kapitel »Adam und Eva« hat der Autor Ödön von Horváth bewusst Fehler eingebaut, um die geistige Haltung der Bäckerfrau und des Schülers Z anzuzeigen.

Die Neger

Der Begriff »Neger« wurde bis in die 1970er Jahre unreflektiert verwendet. Heute wird dieser Begriff als Schimpfwort angesehen.

25. März

Auf meinem Tische stehen Blumen. Lieblich. Ein Geschenk meiner braven Hausfrau, denn heute ist mein Geburtstag.

5 Aber ich brauche den Tisch und rücke die Blumen beiseite und auch den Brief meiner alten Eltern. Meine Mutter schrieb: »Zu Deinem vierunddreißigsten Geburtstage wünsche ich Dir, mein liebes Kind, das Allerbeste. Gott der Allmächtige gebe Dir Gesundheit, Glück und Zufrieden-

10 heit!« Und mein Vater schrieb: »Zu Deinem vierunddreißigsten Geburtstage, mein lieber Sohn, wünsche ich Dir alles Gute. Gott der Allmächtige gebe dir Glück, Zufriedenheit und Gesundheit!«

Glück kann man immer brauchen, denke ich mir, und ge-

15 sund bist du auch, gottlob! Ich klopfe auf Holz. Aber zufrieden? Nein, zufrieden bin ich eigentlich nicht. Doch das ist ja schließlich niemand.

Ich setze mich an den Tisch, entkorke eine rote Tinte, mach mir dabei die Finger tintig und ärgere mich darüber.

20 Man sollt endlich mal eine Tinte erfinden, mit der man sich unmöglich tintig machen kann!

Nein, zufrieden bin ich wahrlich nicht.

Denk nicht so dumm, herrsch ich mich an. Du hast doch eine sichere Stellung mit Pensionsberechtigung und das ist

25 in der heutigen Zeit, wo niemand weiß, ob sich morgen die Erde noch drehen wird, allerhand! Wie viele würden sich sämtliche Finger ablecken, wenn sie an deiner Stelle wären?! Wie gering ist doch der Prozentsatz der Lehramtskandidaten, die wirklich Lehrer werden können! Danke

30 Gott, dass du zum Lehrkörper eines Städtischen Gymnasiums gehörst und dass du also ohne wirtschaftliche Sorgen alt und blöd werden darfst! Du kannst doch auch hundert Jahre alt werden, vielleicht wirst du sogar mal der älteste Einwohner des Vaterlandes! Dann kommst du an deinem

35 Geburtstag in die Illustrierte und darunter wird stehen:

Hausfrau: (österr./bayr.): Vermieterin eines möblierten Zimmers

17

Ödön von Horváth

»Er ist noch bei regem Geiste.« Und das alles mit Pension!
Bedenk und versündig dich nicht!
Ich versündige mich nicht und beginne zu arbeiten.
Sechsundzwanzig blaue Hefte liegen neben mir, sechsund-
zwanzig Buben, so um das vierzehnte Jahr herum, hatten ⁵
gestern in der Geografiestunde einen Aufsatz zu schreiben,
ich unterrichte nämlich Geschichte und Geografie.
Draußen scheint noch die Sonne, fein muss es sein im
Park! Doch Beruf ist Pflicht, ich korrigiere die Hefte und
schreibe in mein Büchlein hinein, wer etwas taugt oder ¹⁰
nicht.
Das von der Aufsichtsbehörde vorgeschriebene Thema der
Aufsätze lautet: »Warum müssen wir Kolonien haben?«. Ja,
warum? Nun, lasset uns hören!
Der erste Schüler beginnt mit einem B: Er heißt Bauer, mit ¹⁵
dem Vornamen Franz. In dieser Klasse gibt's keinen, der
mit A beginnt, dafür haben wir aber gleich fünf mit B. Eine
Seltenheit, so viele B's bei insgesamt sechsundzwanzig
Schülern! Aber zwei B's sind Zwillinge, daher das Unge-
wöhnliche. Automatisch überfliege ich die Namensliste in ²⁰
meinem Büchlein und stelle fest, dass B nur von S fast er-
reicht wird – stimmt, vier beginnen mit S, drei mit M, je
zwei mit E, G, L und R, je einer mit F, H, N, T, W, Z, während
keiner der Buben mit A, C, D, I, O, P, Q, U, V, X, Y beginnt.
Nun, Franz Bauer, warum brauchen wir Kolonien? ²⁵
»Wir brauchen die Kolonien«, schreibt er, »weil wir zahlreiche Rohstoffe benötigen, denn ohne Rohstoffe könnten wir
unsere hochstehende Industrie nicht ihrem innersten Wesen und Werte nach beschäftigen, was zur unleidlichen
Folge hätte, dass der heimische Arbeitsmann wieder ar- ³⁰
beitslos werden würde.« Sehr richtig, lieber Bauer! »Es
dreht sich zwar nicht um die Arbeiter« – sondern, Bauer? –, »es dreht sich vielmehr um das Volksganze, denn
auch der Arbeiter gehört letzten Endes zum Volk.«
Das ist ohne Zweifel letzten Endes eine großartige Entde- ³⁵
ckung, geht es mir durch den Sinn und plötzlich fällt es mir

lasset: *hier iro-
nisch veraltet*, in
Anlehnung an die
religiöse Sprache
»Lasset uns
beten.«

Arbeitsmann: im
NS-Sprach-
gebrauch Mit-
glied des 1935
gegründeten
Reichsarbeits-
dienstes

Volksganze:
Anklang an den
nationalsozialisti-
schen Begriff der
»Volksgemein-
schaft« mit seiner
scheinbaren
Aufhebung der
Klassengegen-
sätze

wieder auf, wie häufig in unserer Zeit uralte Weisheiten als erstmalig formulierte Schlagworte serviert werden. Oder war das immer schon so?

Ich weiß es nicht.

5 Jetzt weiß ich nur, dass ich wieder mal sechsundzwanzig Aufsätze durchlesen muss, Aufsätze, die mit schiefen Voraussetzungen falsche Schlussfolgerungen ziehen. Wie schön wärs, wenn sich »schief« und »falsch« aufheben würden, aber sie tuns nicht. Sie wandeln Arm in Arm daher

10 und singen hohle Phrasen.

Ich werde mich hüten, als städtischer Beamter, an diesem lieblichen Gesange auch nur die leiseste Kritik zu üben! Wenns auch wehtut, was vermag der Einzelne gegen alle? Er kann sich nur heimlich ärgern. Und ich will mich nicht

15 mehr ärgern!

Korrigier rasch, du willst noch ins Kino!

Was schreibt denn da der N?

»Alle Neger sind hinterlistig, feig und faul.«

Zu dumm! Also das streich ich durch!

20 Und ich will schon mit roter Tinte an den Rand schreiben: »Sinnlose Verallgemeinerung!« – da stocke ich. Aufgepasst, habe ich denn diesen Satz über die Neger in letzter Zeit nicht schon mal gehört? Wo denn nur? Richtig: Er tönte aus dem Lautsprecher im Restaurant und verdarb mir fast

25 den Appetit.

Ich lasse den Satz also stehen, denn was einer im Radio redet, darf kein Lehrer im Schulheft streichen.

Und während ich weiterlese, höre ich immer das Radio: Es lispelt, es heult, es bellt, es girrt, es droht – und die Zeitun-

30 gen drucken es nach und die Kindlein, sie schreiben es ab. Nun hab ich den Buchstaben T verlassen und schon kommt Z. Wo bleibt W? Habe ich das Heft verlegt? Nein, der W war ja gestern krank – er hatte sich am Sonntag im Stadion eine Lungenentzündung geholt, stimmt, der Vater

35 hats mir ja schriftlich korrekt mitgeteilt. Armer W! Warum gehst du auch ins Stadion, wenns eisig in Strömen regnet?

Radio: Das modernste Propagandamedium der Nationalsozialisten diente der Mobilisierung der »Volksgenossen«.

Ödön von Horváth

Diese Frage könntest du eigentlich auch an dich selbst stellen, fällt es mir ein, denn du warst ja am Sonntag ebenfalls im Stadion und harrtest treu bis zum Schlusspfiff aus, obwohl der Fußball, den die beiden Mannschaften boten, keineswegs hochklassig war. Ja, das Spiel war sogar ausgesprochen langweilig – also: Warum bliebst du? 5
Und mit dir dreißigtausend zahlende Zuschauer?
Warum?

Half: Mittelfeld-
spieler

zentern: zur
Mitte spielen

Wenn der Rechtsaußen den linken Half überspielt und zentert, wenn der Mittelstürmer den Ball in den leeren 10 Raum vorlegt und der Tormann sich wirft, wenn der Halblinke seine Verteidigung entlastet und ein Flügelspiel forciert, wenn der Verteidiger auf der Torlinie rettet, wenn einer unfair rempelt oder eine ritterliche Geste macht, wenn der Schiedsrichter gut ist oder schwach, parteiisch oder 15 parteilos, dann existiert für den Zuschauer nichts auf der Welt außer dem Fußball, ob die Sonne scheint, obs regnet oder schneit. Dann hat er alles vergessen.
Was »alles«?
Ich muss lächeln: die Neger, wahrscheinlich – – 20

Es regnet

Als ich am nächsten Morgen in das Gymnasium kam und die Treppe zum Lehrerzimmer emporstieg, hörte ich auf dem zweiten Stock einen wüsten Lärm. Ich eilte empor und sah, dass fünf Jungen, und zwar E, G, R, H, T, einen ver- 25 prügelten, nämlich den F.
»Was fällt euch denn ein?«, schrie ich sie an. »Wenn ihr schon glaubt, noch raufen zu müssen wie die Volksschüler, dann rauft doch gefälligst einer gegen einen, aber fünf gegen einen, also das ist eine Feigheit!« 30
Sie sahen mich verständnislos an, auch der F, über den die fünf hergefallen waren. Sein Kragen war zerrissen. »Was

hat er euch denn getan?«, fragte ich weiter, doch die Helden wollten nicht recht heraus mit der Sprache und auch der Verprügelte nicht. Erst allmählich brachte ich es heraus, dass der F den fünfen nichts angetan hatte, sondern

5 im Gegenteil: Die fünf hatten ihm seine Buttersemmel gestohlen, nicht, um sie zu essen, sondern nur, damit er keine hat. Sie haben die Semmel durch das Fenster auf den Hof geschmissen.

Ich schaue hinab. Dort liegt sie auf dem grauen Stein. Es

10 regnet noch immer und die Semmel leuchtet hell herauf.

Und ich denke: Vielleicht haben die fünf keine Semmeln und es ärgert sie, dass der F eine hatte. Doch nein, sie hatten alle ihre Semmeln und der G sogar zwei. Und ich frage nochmals: »Warum habt ihr das also getan?« Sie wissen es

15 selber nicht. Sie stehen vor mir und grinsen verlegen. Ja, der Mensch dürfte wohl böse sein und das steht auch schon in der Bibel. Als es aufhörte zu regnen und die Wasser der Sündflut wieder wichen, sagte Gott: »Ich will hinfort nicht mehr die Erde strafen um der Menschen willen,

20 denn das Trachten des menschlichen Herzens ist böse von Jugend auf.«

Hat Gott sein Versprechen gehalten? Ich weiß es noch nicht. Aber ich frage nun nicht mehr, warum sie die Semmel auf den Hof geworfen haben. Ich erkundige mich nur,

25 ob sie es noch nie gehört hätten, dass sich seit Urzeiten her, seit tausend und tausend Jahren, seit dem Beginn der menschlichen Gesittung immer stärker und stärker ein ungeschriebenes Gesetz herausgebildet hat, ein schönes, männliches Gesetz: Wenn ihr schon rauft, dann raufe nur

30 einer gegen einen! Bleibet immer ritterlich! Und ich wende mich wieder an die fünf und frage: »Schämt ihr euch denn nicht?«

Sie schämen sich nicht. Ich rede eine andere Sprache. Sie sehen mich groß an, nur der Verprügelte lächelt. Er lacht

35 mich aus.

Sündflut (korrekt: »Sintflut«): eine von Gott gesandte Flutkatastrophe (1. Mose 6–9)

das Trachten […] von Jugend auf: nach 1. Mose 8,21 – Auszug aus der Bibel

Ödön von Horváth

»Schließt das Fenster«, sage ich, »sonst regnets noch herein!«

Sie schließen es.

Was wird das für eine Generation? Eine harte oder nur eine rohe?

Ich sage kein Wort mehr und gehe ins Lehrerzimmer. Auf der Treppe bleibe ich stehen und lausche: Ob sie wohl wieder raufen? Nein, es ist still. Sie wundern sich.

Die reichen Plebejer

Plebejer (lat. *plebs:* Menge): das einfache Volk (meist Bauern, Handwerker) in der römischen Republik

Von 10 bis 11 hatte ich Geografie. In dieser Stunde musste ich die gestern korrigierte Schulaufgabe betreffs der kolonialen Frage drannehmen. Wie bereits erwähnt, hatte man gegen den Inhalt der Aufsätze vorschriftsgemäß nichts einzuwenden.

Ich sprach also, während ich nun die Hefte an die Schüler verteilte, lediglich über Sprachgefühl, Orthografie und Formalitäten. So sagte ich dem einen B, er möge nicht immer über den linken Rand hinausschreiben, dem R, die Absätze müssten größer sein, dem Z, man schreibt Kolonien mit e und nicht Kolonihn mit h. Nur als ich dem N sein Heft zurückgab, konnte ich mich nicht zurückhalten: »Du schreibst«, sagte ich, »dass wir Weißen kulturell und zivilisatorisch über den Negern stehen, und das dürfte auch stimmen. Aber du darfst doch nicht schreiben, dass es auf die Neger nicht ankommt, ob sie nämlich leben könnten oder nicht. Auch die Neger sind doch Menschen.«

Er sah mich einen Augenblick starr an und dann glitt ein unangenehmer Zug über sein Gesicht. Oder hatte ich mich getäuscht? Er nahm sein Heft mit der guten Note, verbeugte sich korrekt und nahm wieder Platz in seiner Bank.

Bald sollte ich es erfahren, dass ich mich nicht getäuscht hatte.

Bereits am nächsten Tage erschien der Vater des N in meiner Sprechstunde, die ich wöchentlich einmal abhalten musste, um mit den Eltern in Kontakt zu kommen. Sie erkundigten sich über die Fortschritte ihrer Kinder und holten sich Auskunft über allerhand, meist recht belanglose Erziehungsprobleme. Es waren brave Bürger, Beamte, Offiziere, Kaufleute. Arbeiter war keiner darunter.

Bei manchem Vater hatte ich das Gefühl, dass er über den Inhalt der diversen Schulaufsätze seines Sprösslings ähnlich denkt wie ich. Aber wir sahen uns nur an, lächelten und sprachen über das Wetter. Die meisten Väter waren älter als ich, einer war sogar ein richtiger Greis. Der jüngste ist vor knapp zwei Wochen achtundzwanzig geworden. Er hatte mit siebzehn Jahren die Tochter eines Industriellen verführt, ein eleganter Mensch. Wenn er zu mir kommt, fährt er immer in seinem Sportwagen vor. Die Frau bleibt unten sitzen und ich kann sie von droben sehen. Ihren Hut, ihre Arme, ihre Beine. Sonst nichts. Aber sie gefällt mir. Du könntest auch schon einen Sohn haben, denke ich dann, aber ich kann mich beherrschen, ein Kind in die Welt zu setzen. Nur damits in irgendeinem Krieg erschossen wird!

Nun stand der Vater des N vor mir. Er hatte einen selbstsicheren Gang und sah mir aufrecht in die Augen. »Ich bin der Vater des Otto N.« »Freut mich, Sie kennenzulernen, Herr N«, antwortete ich, verbeugte mich, wie es sich gehört, bot ihm Platz an, doch er setzte sich nicht. »Herr Lehrer«, begann er, »mein Hiersein hat den Grund in einer überaus ernsten Angelegenheit, die wohl noch schwerwiegende Folgen haben dürfte. Mein Sohn Otto teilte mir gestern Nachmittag in heller Empörung mit, dass Sie, Herr Lehrer, eine schier unerhörte Bemerkung fallen gelassen hätten –«

»Ich?«

»Jawohl, Sie!«

»Wann?«

»Anlässlich der gestrigen Geografiestunde. Die Schüler schrieben einen Aufsatz über Kolonialprobleme und da sagten Sie zu meinem Otto: Auch die Neger sind Menschen. Sie wissen wohl, was ich meine?«

»Nein.«

Ich wusste es wirklich nicht. Er sah mich prüfend an. Gott, muss der dumm sein, dachte ich. 5

»Mein Hiersein«, begann er wieder langsam und betont, »hat seinen Grund in der Tatsache, dass ich seit frühester Jugend nach Gerechtigkeit strebe. Ich frage Sie also: Ist jene ominöse Äußerung über die Neger Ihrerseits in dieser Form und in diesem Zusammenhang tatsächlich gefallen oder 10 nicht?«

»Ja«, sagte ich und musste lächeln: »Ihr Hiersein wäre also nicht umsonst –«

»Bedaure bitte«, unterbrach er mich schroff, »ich bin zu Scherzen nicht aufgelegt! Sie sind sich wohl noch nicht im 15 Klaren darüber, was eine derartige Äußerung über die Neger bedeutet?! Das ist Sabotage am Vaterland! Oh, mir machen Sie nichts vor! Ich weiß es nur zu gut, auf welch heimlichen Wegen und mit welch perfiden Schlichen das Gift ihrer Humanitätsduselei unschuldige Kinderseelen zu unter- 20 höhlen trachtet!«

Nun wurds mir aber zu bunt!

»Erlauben Sie«, brauste ich auf, »das steht doch bereits in der Bibel, dass alle Menschen Menschen sind!«

»Als die Bibel geschrieben wurde, gabs noch keine Koloni- 25 en in unserem Sinne«, dozierte felsenfest der Bäckermeister. »Eine Bibel muss man im übertragenen Sinn verstehen, bildlich oder gar nicht! Herr, glauben Sie denn, dass Adam und Eva leibhaftig gelebt haben oder nur bildlich?! Na also! Sie werden sich nicht auf den lieben Gott hinausreden, da- 30 für werde ich sorgen!«

»Sie werden für gar nichts sorgen«, sagte ich und komplimentierte ihn hinaus. Es war ein Hinauswurf. »Bei Philippi sehen wir uns wieder!«, rief er mir noch zu und verschwand. 35

Zwei Tage später stand ich bei Philippi.

ominös:
verdächtig,
bedenklich

Sabotage:
absichtliche
(Zer-)Störung

perfide: hinterlistig, verschlagen

Humanitätsduselei: abwertende Wortwahl,
heute »Gutmenschentum«

dozieren: *hier*
belehren

Bei Philippi
sehen wir uns
wieder! (metaphorisch): Redewendung mit der
Bedeutung: Ich
werde mich
rächen, diese
Angelegenheit ist
für mich noch
nicht erledigt.

Der Direktor hatte mich rufen lassen. »Hören Sie«, sagte er, »es kam hier ein Schreiben von der Aufsichtsbehörde. Ein gewisser Bäckermeister N hat sich über Sie beschwert, Sie sollen da so Äußerungen fallen gelassen haben. – Nun, ich
5 kenne das und weiß, wie solche Beschwerden zustande kommen, mir müssen Sie nichts erklären! Doch, lieber Kollege, ist es meine Pflicht, Sie darauf aufmerksam zu machen, dass sich derlei nicht wiederholt. Sie vergessen das geheime Rundschreiben 5679 u/33! Wir müssen von der
10 Jugend alles fernhalten, was nur in irgendeiner Weise ihre zukünftigen militärischen Fähigkeiten beeinträchtigen könnte – das heißt: Wir müssen sie moralisch zum Krieg erziehen. Punkt!«
Ich sah den Direktor an, er lächelte und erriet meine Ge-
15 danken. Dann erhob er sich und ging hin und her. Er ist ein schöner alter Mann, dachte ich.
»Sie wundern sich«, sagte er plötzlich, »dass ich die Kriegsposaune blase, und Sie wundern sich mit Recht! Sie denken jetzt, siehe, welch ein Mensch! Vor wenigen Jahren noch
20 unterschrieb er flammende Friedensbotschaften und heute? Heut rüstet er zur Schlacht!«
»Ich weiß es, dass Sie es nur gezwungen tun«, suchte ich ihn zu beruhigen.
Er horchte auf, blieb vor mir stehen und sah mich aufmerk-
25 sam an. »Junger Mann«, sagte er ernst, »merken Sie sich eines: Es gibt keinen Zwang. Ich könnte ja dem Zeitgeist widersprechen und mich von einem Herrn Bäckermeister einsperren lassen, ich könnte ja hier gehen, aber ich will nicht gehen, jawohl, ich will nicht! Denn ich möchte die Al-
30 tersgrenze erreichen, um die volle Pension beziehen zu können.«
Das ist ja recht fein, dachte ich.
»Sie halten mich für einen Zyniker«, fuhr er fort und sah mich nun schon ganz väterlich an. »Oh, nein! Wir alle, die
35 wir zu höheren Ufern der Menschheit strebten, haben eines vergessen: die Zeit! Die Zeit, in der wir leben. Lieber

siehe, welch ein Mensch!: Bibelzitat nach Johannes 19,5

Zyniker: spöttischer Mensch, der sich über die eigenen und/oder die Werte anderer lustig macht

25

Ödön von Horváth

Kollege, wer so viel gesehen hat wie ich, der erfasst allmählich das Wesen der Dinge.«

Du hast leicht reden, dachte ich wieder, du hast ja noch die schöne Vorkriegszeit miterlebt. Aber ich? Ich hab erst im letzten Kriegsjahr zum ersten Mal geliebt und frage nicht, 5 was.

»Wir leben in einer plebejischen Welt«, nickte er mir traurig zu. »Denken Sie nur an das alte Rom, 287 vor Christi Geburt. Der Kampf zwischen den Patriziern und Plebejern war noch nicht entschieden, aber die Plebejer hatten bereits wichtigste Staatsposten besetzt.« 10

»Erlauben Sie, Herr Direktor«, wagte ich einzuwenden, »soviel ich weiß, regieren bei uns doch keine armen Plebejer, sondern es regiert einzig und allein das Geld.« Er sah mich wieder groß an und lächelte versteckt. »Das stimmt. 15 Aber ich werde Ihnen jetzt gleich ein Ungenügend in Geschichte geben, Herr Geschichtsprofessor! Sie vergessen ja ganz, dass es auch reiche Plebejer gab. Erinnern Sie sich?«

Ich erinnerte mich. Natürlich! Die reichen Plebejer verließen das Volk und bildeten mit den bereits etwas dekadenten Patriziern den neuen Amtsadel, die sogenannten Optimates. 20

»Vergessen Sies nur nicht wieder!«

»Nein.«

Das Brot   25

Als ich zur nächsten Stunde die Klasse, in der ich mir erlaubte, etwas über die Neger zu sagen, betrete, fühle ich sogleich, dass etwas nicht in Ordnung ist. Haben die Herren meinen Stuhl mit Tinte beschmiert? Nein. Warum schauen 30 sie mich nur so schadenfroh an?

Da hebt einer die Hand. Was gibts? Er kommt zu mir, verbeugt sich leicht, überreicht mir einen Brief und setzt sich wieder.

Was soll das?

5 Ich erbreche den Brief, überfliege ihn, möchte hochfahren, beherrsche mich jedoch und tue, als würde ich ihn genau lesen. Ja, alle haben ihn unterschrieben, alle fünfundzwanzig, der W ist immer noch krank.

»Wir wünschen nicht mehr«, steht in dem Brief, »von Ih-
10 nen unterrichtet zu werden, denn nach dem Vorgefallenen haben wir Endesunterzeichneten kein Vertrauen mehr zu Ihnen und bitten um eine andere Lehrkraft.«
Ich blicke die Endesunterzeichneten an, einen nach dem anderen. Sie schweigen und sehen mich nicht an. Ich un-
15 terdrücke meine Erregung und frage, wie so nebenbei:
»Wer hat das geschrieben?«
Keiner meldet sich.
»So seid doch nicht so feig!«
Sie rühren sich nicht.
20 »Schön«, sage ich und erhebe mich, »es interessiert mich auch nicht mehr, wer das geschrieben hat, ihr habt euch ja alle unterzeichnet. – Gut, auch ich habe nicht die geringste Lust, eine Klasse zu unterrichten, die zu mir kein Vertrauen hat. Doch glaubt mir, ich wollte nach bestem Gewis-
25 sen« – ich stocke, denn ich bemerke plötzlich, dass einer unter der Bank schreibt.
»Was schreibst du dort?«
Er will es verstecken.
»Gibs her!«
30 Ich nehme es ihm weg und er lächelt höhnisch. Es ist ein Blatt Papier, auf dem er jedes meiner Worte mitstenografierte.
»Ach, ihr wollt mich bespitzeln?«
Sie grinsen.
35 Grinst nur, ich verachte euch. Hier hab ich, bei Gott, nichts mehr verloren. Soll sich ein anderer mit euch raufen!

erbrechen: öffnen

mitstenografieren: in Kurzschrift mitschreiben

Ödön von Horváth

Ich gehe zum Direktor, teile ihm das Vorgefallene mit und bitte um eine andere Klasse. Er lächelt: »Meinen Sie, die anderen sind besser?« Dann begleitet er mich in die Klasse zurück. Er tobt, er schreit, er beschimpft sie – ein herrlicher Schauspieler! Eine Frechheit wärs, brüllt er, eine Niedertracht, und die Lümmel hätten kein Recht, einen anderen Lehrer zu fordern, was ihnen einfiele, ob sie denn verrückt geworden seien usw.! Dann lässt er mich wieder allein zurück.

Da sitzen sie nun vor mir. Sie hassen mich. Sie möchten mich ruinieren, meine Existenz und alles, nur weil sie es nicht vertragen können, dass ein Neger auch ein Mensch ist. Ihr seid keine Menschen, nein!

Aber wartet nur, Freunde! Ich werde mir wegen euch keine Disziplinarstrafe zuziehen, geschweige denn mein Brot verlieren – nichts zum Fressen soll ich haben, was? Keine Kleider, keine Schuhe? Kein Dach? Würd euch so passen! Nein, ich werde euch von nun ab nur mehr erzählen, dass es keine Menschen gibt außer euch, ich will es euch so lange erzählen, bis euch die Neger rösten! Ihr wollt es ja nicht anders!

Die Pest

An diesem Abend wollt ich nicht schlafen gehen. Immer sah ich das Stenogramm vor mir – ja, sie wollen mich vernichten.

Wenn sie Indianer wären, würden sie mich an den Marterpfahl binden und skalpieren, und zwar mit dem besten Gewissen.

Sie sind überzeugt, sie hätten recht.

Es ist eine schreckliche Bande!

Oder versteh ich sie nicht? Bin ich denn mit meinen vierunddreißig Jahren bereits zu alt? Ist die Kluft zwischen uns tiefer als sonst zwischen Generationen?

Heut glaube ich, sie ist unüberbrückbar.

5 Dass diese Burschen alles ablehnen, was mir heilig ist, wär zwar noch nicht so schlimm. Schlimmer ist schon, wie sie es ablehnen, nämlich: ohne es zu kennen. Aber das Schlimmste ist, dass sie es überhaupt nicht kennenlernen wollen!

10 Alles Denken ist ihnen verhasst.

Sie pfeifen auf den Menschen! Sie wollen Maschinen sein, Schrauben, Räder, Kolben, Riemen – doch noch lieber als Maschinen wären sie Munition: Bomben, Schrapnells, Granaten. Wie gerne würden sie krepieren auf irgendeinem

15 Feld! Der Name auf einem Kriegerdenkmal ist der Traum ihrer Pubertät.

Schrapnell: mit Kugeln und einer kleinen Sprengladung gefülltes Artilleriegeschoss

Doch halt! Ist es nicht eine große Tugend, diese Bereitschaft zum höchsten Opfer?

Gewiss, wenn es um eine gerechte Sache geht –

20 Um was geht es hier?

»Recht ist, was der eigenen Sippschaft frommt«, sagt das Radio. Was uns nicht guttut, ist Unrecht. Also ist alles erlaubt, Mord, Raub, Brandstiftung, Meineid – ja, es ist nicht nur erlaubt, sondern es gibt überhaupt keine Untaten,

25 wenn sie im Interesse der Sippschaft begangen werden!

Was ist das?

Der Standpunkt des Verbrechers.

Als die reichen Plebejer im alten Rom fürchteten, dass das Volk seine Forderung, die Steuern zu erleichtern, durch-

30 drücken könnte, zogen sie sich in den Turm der Diktatur zurück. Und sie verurteilten den Patrizier Manlius Capitolinus, der mit seinem Vermögen plebejische Schuldner aus der Schuldhaft befreien wollte, als Hochverräter zum Tode und stürzten ihn vom Tarpejischen Felsen hinab.

35 Seit es eine menschliche Gesellschaft gibt, kann sie aus Selbsterhaltungsgründen auf das Verbrechen nicht ver-

der Tarpejische Felsen: Hinrichtungsstelle auf dem Kapitol in Rom

zichten. Aber die Verbrechen wurden verschwiegen, vertuscht, man hat sich ihrer geschämt.

Heute ist man stolz auf sie.

Es ist eine Pest.

Wir sind alle verseucht, Freund und Feind. Unsere Seelen 5
sind voller schwarzer Beulen, bald werden sie sterben.

Dann leben wir weiter und sind doch tot.

Auch meine Seele ist schon schwach. Wenn ich in der Zeitung lese, dass einer von denen umgekommen ist, denke ich:»Zu wenig! Zu wenig!« 10

Habe ich nicht auch heute gedacht:»Geht alle drauf«?

Nein, jetzt will ich nicht weiterdenken! Jetzt wasche ich meine Hände und geh ins Café. Dort sitzt immer wer, mit dem man Schach spielen kann! Nur hinaus jetzt aus meinem Zimmer! Luft! – 15

Die Blumen, die ich von meiner Hausfrau zum Geburtstag bekam, sind verwelkt. Sie kommen auf den Mist. Morgen ist Sonntag.

In dem Café sitzt keiner, den ich kenne. Niemand.

Was tun? 20

Ich geh ins Kino.

In der Wochenschau seh ich die reichen Plebejer. Sie enthüllen ihre eigenen Denkmäler, machen die ersten Spatenstiche und nehmen die Paraden ihrer Leibgarden ab. Dann folgt ein Mäuslein, das die größten Katzen besiegt, und 25
dann eine spannende Kriminalgeschichte, in der viel geschossen wird, damit das gute Prinzip triumphieren möge.

Als ich das Kino verlasse, ist es Nacht.

Aber ich geh, nicht nach Haus. Ich fürchte mich vor meinem Zimmer. 30

Drüben ist eine Bar, dort werd ich was trinken, wenn sie billig ist.

Sie ist nicht teuer.

Ich trete ein. Ein Fräulein will mir Gesellschaft leisten.

»So ganz allein?«, fragt sie. 35

»Ja«, lächle ich, »leider –«

Margin notes:

wasche ich meine Hände (zu ergänzen: »in Unschuld«): Anspielung auf den biblischen Ausspruch des Pilatus vor der Kreuzigung Christi (Matthäus 27,24)

Wochenschau: Nachrichten vor dem Hauptfilm im Kino zur NS-Zeit

Mäuslein, das [...] besiegt: aus der Mickey-Mouse-Serie

»Darf ich mich zu Ihnen setzen?«

»Nein.«

Sie zieht sich gekränkt zurück. Ich wollt Ihnen nicht weh-
tun, Fräulein. Seien Sie mir nicht böse, aber ich bin allein.

5 **Das Zeitalter der Fische**

Als ich den sechsten Schnaps getrunken hatte, dachte ich,
man müsste eine Waffe erfinden, mit der man jede Waffe
um ihren Effekt bringen könnte, gewissermaßen also: Das
Gegenteil einer Waffe – ach, wenn ich nur ein Erfinder wä-
10 re, was würd ich nicht alles erfinden! Wie glücklich wär die
Welt!

Aber ich bin kein Erfinder, und was würde die Welt nicht
alles versäumen, wenn ich ihr Licht nicht erblickt hätte?
Was würde die Sonne dazu sagen? Und wer würde denn
15 dann in meinem Zimmer wohnen?

Frag nicht so dumm, du bist betrunken! Du bist eben da.
Was willst du denn noch, wo du es gar nicht wissen kannst,
ob es dein Zimmer überhaupt geben würde, wenn du nicht
geboren worden wärst? Vielleicht wär dann dein Bett noch
20 ein Baum! Na also! Schäm dich, alter Esel, fragst mit meta-
physischen Allüren wie ein Schulbub von anno dazumal,
der seine Aufklärung in puncto Liebe noch nicht verdaut
hat! Forsche nicht im Verborgenen, trink lieber deinen
siebten Schnaps!

25 Ich trinke, ich trinke – Meine Damen und Herren, ich liebe
den Frieden nicht! Ich wünsche uns allen den Tod! Aber
keinen einfachen, sondern einen komplizierten – man
müsste die Folter wieder einführen, jawohl: die Folter! Man
kann nicht genug Schuldgeständnisse erpressen, denn der
30 Mensch ist schlecht!

Nach dem achten Schnaps nickte ich dem Pianisten
freundlich zu, obwohl mir seine Musik bis zum sechsten

**Zeitalter der
Fische**: Epochen-
bezeichnung (ca.
150 vor Christus
bis ca. 1950 nach
babylonischer
Astronomie)

metaphysisch:
überreal, den
wissenschaftli-
chen Kenntnissen
entzogen

Allüren: auffälli-
ges, übertriebe-
nes Verhalten

Ödön von Horváth

Schnaps arg missfiel. Ich bemerkte es gar nicht, dass ein Herr vor mir stand, der mich bereits zweimal angesprochen hatte. Erst beim dritten Mal erblickte ich ihn.

Ich erkannte ihn sogleich.

Es war unser Julius Caesar. 5

Ursprünglich ein geachteter Kollege, ein Altphilologe vom Mädchenlyzeum, geriet er in eine böse Sache. Er ließ sich mit einer minderjährigen Schülerin ein und wurde eingesperrt. Man sah ihn lange nicht, dann hörte ich, er würde mit allerhand Schund hausieren, von Tür zu Tür. Er trug 10 eine auffallend große Krawattennadel, einen Miniaturtotenkopf, in welchem eine einzige Glühbirne stak, die mit einer Batterie in seiner Tasche verbunden war. Drückte er auf einen Knopf, leuchteten die Augenhöhlen seines Totenkopfes rot auf. Das waren seine Scherze. Eine gestrandete 15 Existenz.

Ich weiß nicht mehr, wieso es kam, dass er plötzlich neben mir saß und dass wir in eine hitzige Debatte verstrickt waren. Ja, ich war sehr betrunken und erinnere mich nur an einzelne Gesprächsfetzen – 20

Julius Caesar sagt: »Was Sie da herumreden, verehrter Kollega, ist lauter unausgegorenes Zeug! Höchste Zeit, dass Sie sich mal mit einem Menschen unterhalten, der nichts mehr zu erhoffen hat und der daher mit freiem Blick den Wandel der Generationen unbestechlich begreift! Also Sie, 25 Kollega, und ich, das sind nach Adam Riese zwei Generationen und die Lausbuben in Ihrer Klasse sind auch eine Generation, zusammen sind wir also nach Adam Riese drei Generationen. Ich bin sechzig, Sie zirka dreißig und jene Lauser zirka vierzehn. Passt auf! Entscheidend für die Ge- 30 samthaltung eines ganzen Lebens sind die Erlebnisse der Pubertät, insbesondere beim männlichen Geschlecht.«

»Langweilens mich nicht«, sagte ich.

»Auch wenn ich Sie langweil, hörens mir zu, sonst werd ich wild! Also das oberste und einzigste Generalproblem der 35 Pubertät meiner Generation war das Weib, das heißt: das

---

Marginal glosses:

Julius Cäsar: römischer Staatsmann, Feldherr (100 v. Chr.– 44 v. Chr.); hier Spitzname

Altphilologe: Lehrer für Griechisch und Latein am Gymnasium

Mädchenlyzeum: Höhere Schule für Mädchen

Kollega (österr.): Kollege

nach Adam Riese (deutscher Mathematiker)

Lauser: Lausbube

Weib, das wir nicht bekamen. Denn damals war das noch
nicht so. Infolgedessen war unser markantestes Erlebnis
jener Tage die Selbstbefriedigung, samt allen ihren altmodischen Folgeerscheinungen, nämlich mit der, wie sichs
5 leider erst später herausstellen sollte, völlig sinnlosen
Angst vor gesundheitsschädigenden Konsequenzen etcetera. Mit anderen Worten: Wir stolperten über das Weib
und schlitterten in den Weltkrieg hinein. Anlässlich nun
Ihrer Pubertät, Kollega, war der Krieg gerade im schönsten
10 Gange. Es gab keine Männer und die Weiber wurden williger. Ihr kamt gar nicht dazu, euch auf euch selbst zu besinnen, die unterernährte Damenwelt stürzte sich auf euer
Frühlingserwachen. Für euere Generation war das Weib
keine Heilige mehr, drum wird es euresgleichen auch nie
15 restlos befriedigen, denn im tiefsten Winkel euerer Seelen
sehnt ihr euch nach dem Reinen, Hehren, Unnahbaren –
mit anderen Worten: nach der Selbstbefriedigung. In diesem Falle stolperten die Weiber über euch Jünglinge und
schlitterten in die Vermännlichung hinein.«

20 »Kollega, Sie sind ein Erotomane.«
»Wieso?«
»Weil Sie die ganze Schöpfung aus einem geschlechtlichen
Winkel heraus betrachten. Das ist zwar ein Kennzeichen
Ihrer Generation, besonders in Ihrem Alter – aber bleiben
25 Sie doch nicht immer im Bett liegen! Stehen Sie auf, ziehen
Sie den Vorhang zur Seite, lassen Sie Licht herein und blicken Sie mit mir hinaus!«
»Und was sehen wir draußen?«
»Nichts Schönes, jedoch trotzdem!«
30 »Mir scheint, Sie sind ein verkappter Romantiker! Ich bitt
Sie, unterbrechens mich nicht mehr! Setz dich! Wir kommen jetzt zur dritten Generation, nämlich zu den heute
Vierzehnjährigen: Für die ist das Weib überhaupt kein Problem mehr, denn es gibt keine wahrhaften Frauen mehr, es
35 gibt nur lernende, rudernde, gymnastiktreibende,

Frühlingserwachen:
Anspielung auf
Frank Wedekinds
(1864–1918)
Drama *Frühlings
Erwachen* (1891)

Erotomane:
Mensch mit
einem übersteigerten sexuellen
Verlangen

marschierende Ungeheuer! Ist es Ihnen aufgefallen, dass die Weiber immer reizloser werden?«

»Sie sind ein einseitiger Mensch!«

»Wer möchte sich für eine rucksacktragende Venus begeistern? Ich nicht! Jaja, das Unglück der heutigen Jugend ist, dass sie keine korrekte Pubertät mehr hat – erotisch, politisch, moralisch etcetera, alles wurde vermantscht, verpantscht, alles in einen Topf! Und außerdem wurden zu viele Niederlagen als Siege gefeiert, zu oft wurden die innigsten Gefühle der Jugend in Anspruch genommen für irgendeinen Popanz, während sie es auf einer anderen Seite

wieder zu bequem hat: Sie müssen ja nur das abschreiben, was das Radio zusammenblödelt, und schon bekommen sie die besten Noten. Aber es gibt auch noch Einzelne, Gott sei Dank!«

»Was für Einzelne?«

Er sah sich ängstlich um, neigte sich dicht zu mir und sagte sehr leise: »Ich kenne eine Dame, deren Sohn geht ins Realgymnasium. Robert heißt er und ist fünfzehn Jahre alt. Neulich hat er so ein bestimmtes Buch gelesen, heimlich –

nein, kein erotisches, sondern ein nihilistisches. Es hieß: *Über die Würde des menschlichen Lebens* und ist streng verboten.«

Wir sahen uns an. Wir tranken.

»Sie glauben also, dass Einzelne von denen heimlich lesen?«

»Ich weiß es. Bei jener Dame ist manchmal ein direktes Kränzchen, sie ist oft schon ganz außer sich. Die Buben lesen alles. Aber sie lesen nur, um spötteln zu können. Sie leben in einem Paradies der Dummheit und ihr Ideal ist der Hohn. Es kommen kalte Zeiten, das Zeitalter der Fische.«

»Der Fische?«

»Ich bin zwar nur ein Amateurastrolog, aber die Erde dreht sich in das Zeichen der Fische hinein. Da wird die Seele des Menschen unbeweglich wie das Antlitz eines Fisches.« – –

Das ist alles, was ich von der langen Debatte mit Julius Caesar behielt. Ich weiß nur noch, dass er, während ich sprach, öfters seinen Totenkopf illuminierte, um mich zu irritieren. Aber ich ließ mich nicht, obwohl ich sinnlos be-
5 trunken war. –

Dann erwache ich in einem fremden Zimmer. Ich lieg in einem anderen Bett. Es ist finster und ich höre wen ruhig atmen. Es ist eine Frau – aha. Sie schläft. Bist du blond, schwarz, braun, rot? Ich erinnere mich nicht. Wie siehst du
10 denn aus? Soll ich die Lampe andrehen? Nein. Schlaf nur zu.

Vorsichtig stehe ich auf und trete ans Fenster.

Es ist noch Nacht. Ich sehe nichts. Keine Straße, kein Haus. Alles nur Nebel. Und der Schein einer fernen Laterne fällt
15 auf den Nebel, und der Nebel sieht aus wie Wasser. Als wäre mein Fenster unter dem Meer.

Ich schau nicht mehr hinaus.

Sonst schwimmen die Fische ans Fenster und schauen herein.

illuminieren: beleuchten

20 **Der Tormann**

Als ich morgens nach Hause kam, erwartete mich bereits meine Hausfrau. Sie war sehr aufgeregt. »Es ist ein Herr da«, sagte sie, »er wartet auf Sie schon seit zwanzig Minuten, ich hab ihn in den Salon gesetzt. Wo waren Sie denn?«
25 »Bei Bekannten. Sie wohnen auswärts und ich habe den letzten Zug verpasst, drum blieb ich gleich draußen über Nacht.«

Ich betrat den Salon.

Dort stand ein kleiner, bescheidener Mann neben dem Pia-
30 no. Er blätterte im Musikalbum, ich erkannte ihn nicht sogleich. Er hatte entzündete Augen. Übernächtigt, ging es mir durch den Sinn. Oder hat er geweint? »Ich bin der

35

Vater des W«, sagte er, »Herr Lehrer, Sie müssen mir helfen, es ist etwas Entsetzliches passiert! Mein Sohn wird sterben!«

»Was?!«

»Ja, er hat sich doch so furchtbar erkältet, heut vor acht Tagen beim Fußball im Stadion, und der Arzt meint, nur ein Wunder könnte ihn retten, aber es gibt keine Wunder, Herr Lehrer. Die Mutter weiß es noch gar nicht, ich wagte es ihr noch nicht mitzuteilen – mein Sohn ist nur noch manchmal bei Besinnung, Herr Lehrer, sonst hat er immer nur seine Fieberfantasien, aber wenn er bei Besinnung ist, verlangt er immer so sehr, jemanden zu sehen –«

»Mich?«

»Nein, nicht Sie, Herr Lehrer, er möchte den Tormann sehen, den Fußballer, der am letzten Sonntag so gut gespielt haben soll, der ist sein ganzes Ideal! Und ich dachte, Sie wüssten es vielleicht, wo ich diesen Tormann auftreiben könnt, vielleicht wenn man ihn bittet, dass er kommt.«

»Ich weiß, wo er wohnt«, sagte ich, »und ich werde mit ihm sprechen. Gehen Sie nur nach Hause, ich bring den Tormann mit!«

Er ging.

Ich zog mich rasch um und ging auch. Zum Tormann. Er wohnt in meiner Nähe. Ich kenne sein Sportgeschäft, das seine Schwester führt.

Da es Sonntag war, war es geschlossen. Aber der Tormann wohnt im selben Haus, im dritten Stock.

Er frühstückte gerade. Das Zimmer war voller Trophäen. Er war sofort bereit, mitzukommen. Er ließ sogar sein Frühstück stehen und lief vor mir die Treppen hinab. Er nahm uns ein Taxi und ließ mich nicht zahlen.

In der Haustür empfing uns der Vater. Er schien noch kleiner geworden zu sein. »Er ist nicht bei sich«, sagte er leise, »und der Arzt ist da, aber kommen Sie nur herein, meine Herren! Ich danke Ihnen vielmals, Herr Tormann!«

Das Zimmer war halbdunkel und in der Ecke stand ein breites Bett. Dort lag er. Sein Kopf war hochrot und es fiel mir ein, dass er der Kleinste der Klasse war. Seine Mutter war auch klein.

5 Der große Tormann blieb verlegen stehen. Also hier lag einer seiner ehrlichsten Bewunderer. Einer von den vielen Tausend, die ihm zujubeln, die am meisten schreien, die seine Biografie kennen, die ihn um Autogramme bitten, die so gerne hinter seinem Tor sitzen und die er durch die Ord-
10 ner immer wieder vertreiben lässt. Er setzte sich still neben das Bett und sah ihn an.

Die Mutter beugte sich über das Bett. »Heinrich«, sagte sie, »der Tormann ist da.«

»Fein«, lächelte er.

15 »Ich bin gekommen«, sagte der Tormann, »denn du wolltest mich sehen.«

»Wann spielt ihr gegen England?«, fragte der Junge.

»Das wissen die Götter«, meinte der Tormann, »sie streiten sich im Verband herum und die oberste Sportbehörde
20 funkt dazwischen! Wir haben Terminschwierigkeiten – ich glaub, wir werden eher noch gegen Schottland spielen.«

»Gegen die Schotten gehts leichter –«

»Oho! Die Schotten schießen ungeheuer rasch und aus jeder Lage.«

25 »Erzähl, erzähl!«

Und der Tormann erzählte. Er sprach von berühmt gewordenen Siegen und unverdienten Niederlagen, von strengen Schiedsrichtern und korrupten Linienrichtern. Er stand auf, nahm zwei Stühle, markierte mit ihnen das Tor und
30 demonstrierte, wie er einst zwei Elfer hintereinander abgewehrt hatte. Er zeigte seine Narbe auf der Stirne, die er sich in Lissabon bei einer tollkühnen Parade geholt hatte. Und er sprach von fernen Ländern, in denen er sein Heiligtum hütete, von Afrika, wo die Beduinen mit dem Gewehr im
35 Publikum sitzen, und von der schönen Insel Malta, wo das Spielfeld leider aus Stein besteht –

37

Und während der Tormann erzählte, schlief der kleine W ein. Mit einem seligen Lächeln, still und friedlich. – – –
Das Begräbnis fand an einem Mittwoch statt, nachmittags um halb zwei. Die Märzsonne schien, Ostern war nicht mehr weit.

Wir standen um das offene Grab. Der Sarg lag schon drunten.

Der Direktor war anwesend mit fast allen Kollegen, nur der Physiker fehlte, ein Sonderling. Der Pfarrer hielt die Grabrede, die Eltern und einige Verwandte verharrten regungslos. Und im Halbkreis uns gegenüber standen die Mitschüler des Verstorbenen, die ganze Klasse, alle fünfundzwanzig. Neben dem Grab lagen die Blumen. Ein schöner Kranz trug auf einer gelb-grünen Schleife die Worte: »Letzte Grüße Dein Tormann«.

Und während der Pfarrer von der Blume sprach, die blüht und bricht, entdeckte ich den N.

Er stand hinter dem L, H und F.

Ich beobachtete ihn. Nichts rührte sich in seinem Gesicht. Jetzt sah er mich an.

Er ist dein Todfeind, fühlte ich. Er hält dich für einen Verderber. Wehe, wenn er älter wird! Dann wird er alles zerstören, selbst die Ruinen deiner Erinnerung.

Er wünscht dir, du lägest jetzt da drunten. Und er wird auch dein Grab vernichten, damit es niemand erfährt, dass du gelebt hast.

Du darfst es dir nicht anmerken lassen, dass du weißt, was er denkt, ging es mir plötzlich durch den Sinn. Behalte sie für dich, deine bescheidenen Ideale, es werden auch nach einem N noch welche kommen, andere Generationen – glaub nur ja nicht, Freund N, dass du meine Ideale überleben wirst! Mich vielleicht.

Und wie ich so dachte, spürte ich, dass mich außer dem N noch einer anstarrte. Es war der T.

Er lächelte leise, überlegen und spöttisch.

Hat er meine Gedanken erraten?

Er lächelte noch immer, seltsam starr.

Zwei helle, runde Augen schauen mich an. Ohne Schimmer, ohne Glanz.

Ein Fisch?

5 Der totale Krieg

Vor drei Jahren erließ die Aufsichtsbehörde eine Verordnung, durch welche sie die üblichen Osterferien in gewisser Hinsicht aufhob. Es erging nämlich die Weisung an alle Mittelschulen, anschließend an das Osterfest die Zeltlager
10 zu beziehen. Unter »Zeltlager« verstand man eine vormilitärische Ausbildung. Die Schüler mussten klassenweise auf zehn Tage in die sogenannte freie Natur hinaus und dort wie die Soldaten in Zelten kampieren, unter Aufsicht des Klassenvorstands. Sie wurden von Unteroffizieren im Ru-
15 hestand ausgebildet, mussten exerzieren, marschieren und vom vierzehnten Lebensjahr ab auch schießen. Natürlich waren die Schüler begeistert dabei und wir Lehrer freuten uns auch, denn auch wir spielen gerne Indianer.

Am Osterdienstag konnten also die Bewohner eines abge-
20 legenen Dorfes einen mächtigen Autobus anrollen sehen. Der Chauffeur hupte, als käme die Feuerwehr, Gänse und Hühner flohen entsetzt, die Hunde bellten und alles lief zusammen. »Die Buben sind da! Die Buben aus der Stadt!« Wir sind um acht Uhr früh vor unserem Gymnasium abge-
25 fahren und jetzt war es halb drei, als wir vor dem Gemeindeamte hielten.

Der Bürgermeister begrüßt uns, der Gendarmerieinspektor salutiert. Der Lehrer des Dorfes ist natürlich am Platz und dort eilt auch schon der Pfarrer herbei, er hat sich ver-
30 spätet, ein runder, freundlicher Herr.

Der Bürgermeister zeigt mir auf der Landkarte, wo sich unser Zeltlager befindet. Eine gute Stunde weit, wenn man

Gendarmerieinspektor (österr.): Chef der Ortspolizei

39

Feldwebel:
Unteroffizier der
Infanterie

Pioniere: *hier*
Soldaten, die
Gräben, Bunker
oder Unterstände
bauen

gemütlich geht. »Der Feldwebel ist bereits dort«, sagt der
Inspektor, »zwei Pioniere haben auf einem Pionierwagen
die Zeltbahnen hinaufgeschafft, schon in aller Herrgotts-
früh!«

Während die Jungen aussteigen und ihr Gepäck zusam- 5
menklauben, betrachte ich noch die Landkarte: Das Dorf
liegt 761 Meter hoch über dem fernen Meere, wir sind
schon sehr in der Nähe der großen Berge, lauter Zweitau-
sender. Aber hinter denen stehen erst die ganz hohen und
dunklen mit dem ewigen Schnee. »Was ist das?«, frage ich 10
den Bürgermeister und deute auf einen Gebäudekomplex
auf der Karte, am westlichen Rande des Dorfes. »Das ist
unsere Fabrik«, sagt der Bürgermeister, »das größte Sägewerk im Bezirk, aber leider wurde es voriges Jahr stillgelegt.
Aus Rentabilitätsgründen« – fügt er noch hinzu und lä- 15
chelt. »Jetzt haben wir viele Arbeitslose, es ist eine Not.«
Der Lehrer mischt sich ins Gespräch und setzt es mir auseinander, dass das Sägewerk einem Konzern gehört, und
ich merke, dass er mit den Aktionären und Aufsichtsräten
nicht sympathisiert. Ich auch nicht. Das Dorf sei arm, er- 20
klärt er mir weiter, die Hälfte lebe von Heimarbeit mit einem empörenden Schundlohn, ein Drittel der Kinder sei
unterernährt –
»Jaja«, lächelt der Gendarmerieinspektor, »und das alles in
der schönen Natur!« 25
Bevor wir zum Zeltlager aufbrechen, zieht mich noch der
Pfarrer beiseite und spricht: »Hörens mal, verehrter Herr
Lehrer, ich möchte Sie nur auf eine Kleinigkeit aufmerksam machen: Anderthalb Stunden von Ihrem Lagerplatz
befindet sich ein Schloss, der Staat hats erworben und jetzt 30
sind dort Mädchen einquartiert, auch so ungefähr im Alter
Ihrer Buben da. Und die Mädchen laufen auch den ganzen
Tag und die halbe Nacht umher, passens ein bisschen auf,
dass mir keine Klagen kommen« – er lächelt.
»Ich werde aufpassen.« 35

»Nichts für ungut«, meint er, »aber wenn man fünfund-
dreißig Jahre im Beichtstuhl verbracht hat, wird man skep-
tisch bei anderthalb Stund Entfernung.« Er lacht. »Kom-
mens mal zu mir, Herr Lehrer, ich hab einen prima neuen
5 Wein bekommen!«

Um drei Uhr marschieren wir ab. Zuerst durch eine
Schlucht, dann rechts einen Hang empor. In Serpentinen.
Wir sehen ins Tal zurück. Es riecht nach Harz, der Wald ist
lang. Endlich wird es lichter: Vor uns liegt die Wiese, unser
10 Platz. Wir kamen den Bergen immer näher.

Der Feldwebel und die beiden Pioniere sitzen auf Zeltbahnen und spielen Karten. Als sie uns kommen sehen, stehen
sie rasch auf und der Feldwebel stellt sich mir militärisch
vor. Ein ungefähr fünfzigjähriger Mann in der Reserve. Er
15 trägt eine einfache Brille, sicher kein unrechter Mensch.

Nun gehts an die Arbeit. Der Feldwebel und die Pioniere
zeigen den Jungen, wie man Zelte baut, auch ich baue mit.
In der Mitte des Lagers lassen wir ein Viereck frei, dort hissen wir unsere Fahne. Nach drei Stunden steht die Stadt.
20 Die Pioniere salutieren und steigen ins Dorf hinab.

Neben der Fahnenstange liegt eine große Kiste: Dort sind
die Gewehre drin. Die Schießscheiben werden aufgestellt:
hölzerne Soldaten in einer fremden Uniform. Der Abend
kommt, wir zünden Feuer an und kochen ab. Es schmeckt
25 uns gut und wir singen Soldatenlieder. Der Feldwebel
trinkt einen Schnaps und wird heiser. Jetzt weht der Berg-
wind.

»Der kommt von den Gletschern«, sagen die Jungen und
husten.
30 Ich denke an den toten W.

Ja, du warst der Kleinste der Klasse – und der Freundlichs-
te. Ich glaube, du wärst der Einzige gewesen, der nichts
gegen die Neger geschrieben hätt. Drum musstest du auch
weg. Wo bist du jetzt?
35 Hat dich ein Engel geholt wie im Märchen?

kochen ab
(milit.): kochen

41

Flog er mit dir dorthin, wo all die seligen Fußballer spielen? Wo auch der Tormann ein Engel ist und vor allem der Schiedsrichter, der abpfeift, wenn einer dem Ball nachfliegt? Denn das ist im Himmel das Abseits. Sitzt du gut? Natürlich! Dort droben sitzt jeder auf der Tribüne, erste Reihe, Mitte, während die bösen Ordner, die dich immer hinter dem Tor vertrieben, jetzt hinter lauter Riesen stehen und nicht aufs Spielfeld schauen können. – –

Es wird Nacht.

Wir gehen schlafen. »Morgen beginnt der Ernst!«, meint der Feldwebel.

Er schläft mit mir im selben Zelt.

Er schnarcht.

Ich entzünde noch mal meine Taschenlampe, um nach der Uhr zu sehen, und entdecke dabei auf der Zeltwand neben mir einen braunroten Fleck. Was ist das?

Und ich denke, morgen beginnt der Ernst. Ja, der Ernst. In einer Kiste neben der Fahnenstange liegt der Krieg. Ja, der Krieg. Wir stehen im Feld.

Und ich denke an die beiden Pioniere, an den Feldwebel in der Reserve, der noch kommandieren muss, und an die hölzernen Soldaten, an denen man das Schießen lernt; der Direktor fällt mir ein, der N und sein Vater, der Herr Bäckermeister bei Philippi; und ich denke an das Sägewerk, das nicht mehr sägt, und an die Aktionäre, die trotzdem mehr verdienen, an den Gendarmen, der lächelt, an den Pfarrer, der trinkt, an die Neger, die nicht leben müssen, an die Heimarbeiter, die nicht leben können, an die Aufsichtsbehörde und an die unterernährten Kinder. Und an die Fische.

Wir stehen alle im Feld. Doch wo ist die Front?

Der Nachtwind weht, der Feldwebel schnarcht.

Was ist das für ein braunroter Fleck?

Blut?

Die marschierende Venus

Die Sonne kommt, wir stehen auf. Wir waschen uns im Bach und kochen Tee. Nach dem Frühstück lässt der Feldwebel die Jungen der Größe nach in zwei Reihen hintereinander antreten. Sie zählen ab, er teilt sie ein, in Züge und Gruppen. »Heut wird noch nicht geschossen«, sagt er, »heut wird erst ein bisschen exerziert!« Er kontrolliert scharf, ob die Reihen schnurgerad stehen. Das eine Auge kneift er zu: »Etwas vor, etwas zurück – besonders der Dritte dort hinten, er steht ja einen Kilometer zu weit vorn!« Der Dritte ist der Z. Wie schwer sich der einreihen lässt, wunder ich mich, und plötzlich hör ich die Stimme des N. Er fährt den Z an: »Hierher, Idiot!«

»Nanana!«, meint der Feldwebel. »Nur nicht grob werden! Das war mal, dass man die Soldaten beschimpft hat, aber heut gibts keine Beleidigungen mehr, merk dir das, ja?!«

Der N schweigt. Er wird rot und trifft mich mit einem flüchtigen Blick. Jetzt könnt er dich aber gleich erwürgen, fühle ich, denn er ist der Blamierte. Es freut mich, aber ich lächle nicht.

»Regiment marsch!«, kommandiert der Feldwebel und dann zieht es davon, das Regiment. Vorne die Großen, hinten die Kleinen. Bald sind sie im Wald verschwunden.

Zwei blieben mit mir im Lager zurück, ein M und ein B. Sie schälen Kartoffeln und kochen die Suppe. Sie schälen mit stummer Begeisterung.

»Herr Lehrer!«, ruft plötzlich der M. »Schauens mal, was dort anmarschiert kommt!« Ich schaue hin: In militärischer Ordnung marschieren etwa zwanzig Mädchen auf uns zu, sie tragen schwere Rucksäcke, und als sie näher kommen, hören wir, dass sie singen. Sie singen Soldatenlieder mit zirpendem Sopran. Der B lacht laut. Jetzt erblicken sie unser Zeltlager und halten. Die Führerin spricht auf die Mädchen ein und geht dann allein auf uns zu. Es sind zirka zweihundert Meter. Ich geh ihr entgegen.

Ödön von Horváth

Wir werden bekannt, sie ist Lehrerin in einer größeren Provinzstadt und die Mädchen gehen in ihre Klasse. Jetzt wohnen sie in einem Schloss, es sind also dieselben, vor denen mich der Herr Pfarrer warnte.

Ich begleite meine Kollegin zurück, die Mädchen starren 5 mich an wie Kühe auf der Weide. Nein, der Herr Pfarrer braucht sich keine Sorgen zu machen, denn, alles was recht ist, einladend sehen diese Geschöpfe nicht aus! Verschwitzt, verschmutzt und ungepflegt, bieten sie dem Betrachter keinen erfreulichen Anblick. 10

Die Lehrerin scheint meine Gedanken zu erraten, sie ist also wenigstens noch in puncto Gedankenlesen ein Weib, und setzt mir Folgendes auseinander: »Wir berücksichtigen weder Flitter noch Tand, wir legen mehr Wert auf das Leistungsprinzip als auf das Darbietungsprinzip.« 15

Ich will mich mit ihr nicht über den Unwert der verschiedenen Prinzipien auseinandersetzen, sage nur: »Aha!«, und denke mir, neben diesen armen Tieren ist ja selbst der N noch ein Mensch.

»Wir sind eben Amazonen«, fährt die Lehrerin fort. Aber 20 die Amazonen sind nur eine Sage, doch ihr seid leider Realität. Lauter missleitete Töchter der Eva!

Julius Caesar fällt mir ein.

Er kann sich für keine rucksacktragende Venus begeistern. Ich auch nicht. – 25

Bevor sie weitermarschieren, erzählt mir die Lehrerin noch, die Mädchen würden heute Vormittag den verschollenen Flieger suchen. Wieso, ist einer abgestürzt? Nein, das »Verschollenen-Flieger-Suchen« sei nur ein neues wehrsportliches Spiel für die weibliche Jugend. Ein großer, weißer Karton wird irgendwo im Unterholz versteckt, die 30 Mädchen schwärmen in Schwarmlinie durch das Unterholz und suchen und suchen den Karton. »Es ist für den Fall eines Krieges gedacht«, fügt sie noch erläuternd hinzu, »damit wir gleich eingesetzt werden können, wenn einer 35

Flitter/Tand: billiger Schmuck

Amazonen: nach der griechischen Sage männerfeindliche, kriegerische Frauen

Schwarmlinie: zerstreute Gefechtsordnung

abgestürzt ist. Im Hinterland natürlich, denn Weiber kommen ja leider nicht an die Front.«
Leider!
Dann ziehen sie weiter, in militärischer Ordnung. Ich seh
5 ihnen nach: Vom vielen Marschieren wurden die kurzen
Beine immer kürzer. Und dicker.
Marschiert nur zu, Mütter der Zukunft!

Unkraut

Der Himmel ist zart, die Erde blass. Die Welt ist ein Aqua-
10 rell mit dem Titel: »April«.
Ich geh um das Lager herum und folge dann einem Feld-
weg. Was liegt dort hinter dem Hügel?
Der Weg macht eine große Krümmung, er weicht dem Unterholz aus. Die Luft ist still wie die ewige Ruh. Nichts
15 brummt, nichts summt. Die meisten Käfer schlafen noch.
Hinter dem Hügel liegt in einer Mulde ein einsamer Bauernhof. Kein Mensch ist zu sehen. Auch der Hund scheint
fortgegangen zu sein. Ich will schon hinabsteigen, da halte
ich unwillkürlich, denn plötzlich erblicke ich hinter der He-
20 cke an der schmalen Straße, die am Hof vorbeiführt, drei
Gestalten. Es sind Kinder, die sich verstecken, zwei Buben
und ein Mädchen. Die Buben dürften dreizehn Jahre alt
sein, das Mädchen vielleicht zwei Jahre älter. Sie sind barfuß. Was treiben sie dort, warum verstecken sie sich? Ich
25 warte. Jetzt erhebt sich der eine Bub und geht auf den Hof
zu, plötzlich schrickt er zusammen und verkriecht sich
rasch wieder hinter der Hecke. Ich höre einen Wagen ras-
seln. Ein Holzfuhrwerk mit schweren Pferden fährt langsam vorbei. Als es nicht mehr zu sehen ist, geht der Bub
30 wieder auf den Hof zu, er tritt an die Haustür und klopft. Er
muss mit einem Hammer geklopft haben, denke ich, denn
es dröhnte so laut. Er lauscht und die beiden anderen auch.

Das Mädel hat sich emporgereckt und schaut über die Hecke. Sie ist groß und schlank, geht es mir durch den Sinn.
Jetzt klopft der Bub wieder, noch lauter. Da öffnet sich die
Haustür und eine alte Bäuerin erscheint, sie geht gebückt
auf einen Stock. Sie sieht sich um, als würde sie schnup- 5
pern. Der Bub gibt keinen Ton von sich. Plötzlich ruft die
Alte: »Wer ist denn da?!« Warum ruft sie, wenn der Bub vor
ihr steht? Jetzt schreit sie wieder: »Wer ist denn da?!« Sie
geht mit dem Stock tastend an dem Buben vorbei, sie
scheint ihn nicht zu sehen – ist sie denn blind? Das Mädel 10
deutet auf die offene Haustür, es sieht aus, als wärs ein Be-
fehl, und der Bub schleicht auf Zehenspitzen ins Haus hinein. Die Alte steht und lauscht. Ja, sie ist blind. Jetzt klirrts
im Haus, als wär ein Teller zerbrochen. Die Blinde zuckt
furchtbar zusammen und brüllt: »Hilfe! Hilfe!« – da stürzt 15
das Mädel auf sie los und hält ihr den Mund zu, der Bub
erscheint in der Haustür mit einem Laib Brot und einer Vase, das Mädel schlägt der Alten den Stock aus der Hand –
ich rase hinab. Die Blinde wankt, stolpert und stürzt, die
drei Kinder sind verschwunden. 20
Ich bemühe mich um die Alte, sie wimmert. Ein Bauer eilt
herbei, er hat das Geschrei gehört und hilft mir. Wir bringen sie in das Haus und ich erzähle dem Bauern, was ich
beobachtet habe. Er ist nicht sonderlich überrascht: »Jaja,
sie haben die Mutter herausgelockt, damit sie durch die of- 25
fene Tür hineinkönnen, es ist immer dieselbe Bagage, man
fasst sie nur nicht. Sie stehlen wie die Raben, eine ganze
Räuberbande!«
»Kinder?!«
»Ja«, nickt der Bauer, »auch drüben im Schloss, wo die 30
Mädchen liegen, haben sie schon gestohlen. Erst unlängst
die halbe Wäsch. Passens nur auf, dass sie Ihnen im Lager
keinen Besuch abstatten!«
»Nein – nein! Wir passen schon auf!«
»Denen trau ich alles zu. Es ist Unkraut und gehört ver- 35
tilgt!«

Bagage: *hier*
Gesindel

Der verschollene Flieger

Ich gehe ins Lager zurück. Die Blinde hat sich beruhigt und
war mir dankbar. Wofür? Ist es denn nicht selbstverständ-
lich, dass ich sie nicht auf dem Boden liegen ließ? Eine ver-
5 rohte Gesellschaft, diese Kinder!
Ich halte plötzlich, denn es wird mir ganz seltsam zumute.
Ich entrüste mich ja gar nicht über diesen Roheitsakt, geschweige denn über das gestohlene Brot, ich verurteile nur.
Warum bin ich nur nicht empört? Weil es arme Kinder
10 sind, die nichts zum Fressen haben? Nein, das ist es nicht.
Der Weg macht eine große Krümmung und ich schneide
ihn ab. Das darf ich mir ruhig leisten, denn ich habe einen
guten Orientierungssinn und werde das Zeltlager finden.
Ich gehe durch das Unterholz. Hier steht das Unkraut und
15 gedeiht. Immer muss ich an das Mädel denken, wie es sich
reckt und über die Hecke schaut. Ist sie der Räuberhaupt-
mann? Ihre Augen möchte ich sehen. Nein, ich bin kein
Heiliger!
Das Dickicht wird immer schlimmer.
20 Was liegt denn dort?
Ein weißer Karton. Darauf steht mit roten Buchstaben:
»Flugzeug«. Ach, der verschollene Flieger! Sie haben ihn
noch nicht gefunden.
Also hier bist du abgestürzt? War es ein Luftkampf oder ein
25 Abwehrgeschütz? Bist du ein Bomber gewesen? Jetzt liegst
du da, zerschmettert, verbrannt, verkohlt. Karton, Karton!
Oder lebst du noch? Bist schwer verwundet und sie finden
dich nicht? Bist ein feindlicher oder ein eigener? Wofür
stirbst du jetzt, verschollener Flieger? Karton, Karton!
30 Und da höre ich eine Stimme: »Niemand kann das än-
dern« – es ist die Stimme einer Frau. Traurig und warm.
Sie klingt aus dem Dickicht.
Vorsichtig biege ich die Äste zurück.

Dort sitzen zwei Mädchen vom Schloss. Mit den Beinen, kurz und dick. Die eine hält einen Kamm in der Hand, die andere weint.

»Was geht er mich denn an, der verschollene Flieger?«, schluchzt sie. »Was soll ich denn da im Wald herumlaufen? 5 Schau, wie meine Beine geschwollen sind, ich möcht nicht mehr marschieren! Von mir aus soll er draufgehen, der verschollene Flieger, ich möcht auch leben! Nein, ich will fort, Annie, fort! Nur nicht mehr im Schloss schlafen, das ist ja ein Zuchthaus! Ich möcht mich waschen und kämmen 10 und bürsten!«

»Sei ruhig«, tröstet sie Annie und kämmt ihr liebevoll das fette Haar aus dem verweinten Gesicht. »Was sollen wir armen Mädchen tun? Auch die Lehrerin hat neulich heimlich geweint. Mama sagt immer, die Männer sind verrückt 15 geworden und machen die Gesetze.«

Ich horche auf. Die Männer?

Jetzt küsst Annie ihre Freundin auf die Stirne und ich schäme mich. Wie schnell war ich heut mit dem Spott dabei!

Ja, vielleicht hat Annies Mama recht. Die Männer sind ver- 20 rückt geworden, und die nicht verrückt geworden sind, denen fehlt der Mut, die tobenden Irrsinnigen in die Zwangsjacken zu stecken.

Ja, sie hat recht.

Auch ich bin feig. 25

Geh heim!

Ich betrete das Lager. Die Kartoffeln sind geschält, die Suppe dampft. Das Regiment ist wieder zu Haus. Die Jungen sind munter, nur der Feldwebel klagt über Kopfschmerzen. Er hat sich etwas überanstrengt, doch will ers nicht zuge- 30 ben. Plötzlich fragt er: »Für wie alt halten Sie mich, Herr Lehrer?« »Zirka fünfzig.« »Dreiundsechzig«, lächelt er ge-

schmeichelt. »Ich war sogar im Weltkrieg schon Landsturm.« Ich fürchte, er beginnt, Kriegserlebnisse zu erzählen, aber ich fürchte mich umsonst. »Reden wir lieber nicht
vom Krieg«, sagt er, »ich hab drei erwachsene Söhne.« Er
5 betrachtet sinnend die Berge und schluckt das Aspirin. Ein
Mensch.

Ich erzähl ihm von der Räuberbande. Er springt auf und
lässt die Jungen sofort antreten. Er hält eine Ansprache an
sein Regiment: In der Nacht würden Wachen aufgestellt
10 werden, je vier Jungen für je zwei Stunden. Osten, Westen,
Süden, Norden, denn das Lager müsste verteidigt werden,
Gut mit Blut, bis zum letzten Mann!

Die Jungen schreien begeistert »Hurra!«.

»Komisch«, meint der Feldwebel, »jetzt hab ich keine
15 Kopfschmerzen mehr.« – –

Nach dem Mittagessen steig ich ins Dorf hinab. Ich muss
mit dem Bürgermeister verschiedene Fragen ordnen: einige Formalitäten und die Nahrungsmittelzufuhr; denn ohne
zu essen, kann man nicht exerzieren.

20 Beim Bürgermeister treffe ich den Pfarrer und er lässt nicht
locker, ich muss zu ihm mit, seinen neuen prima Wein pro-
bieren. Ich trinke gern und der Pfarrer ist ein gemütlicher
Herr.

Wir gehen durchs Dorf und die Bauern grüßen den Pfarrer.
25 Er führt mich den kürzesten Weg zum Pfarrhaus. Jetzt bie-
gen wir in eine Seitenstraße. Hier hören die Bauern auf.
»Hier wohnen die Heimarbeiter«, sagt der Pfarrer und
blickt zum Himmel empor.

Die grauen Häuser stehen dicht beieinander. An den offe-
30 nen Fenstern sitzen lauter Kinder mit weißen, alten Ge-
sichtern und bemalen bunte Puppen. Hinter ihnen ist es
schwarz. »Sie sparen das Licht«, sagt der Pfarrer und fügt
noch hinzu: »Sie grüßen mich nicht, sie sind verhetzt.« Er
beginnt plötzlich schneller zu gehen. Ich gehe gerne mit.
35 Die Kinder sehen mich groß an, seltsam starr. Nein, das
sind keine Fische, das ist kein Hohn, das ist Hass. Und hin-

Landsturm: letz-
tes Aufgebot,
Wehrpflichtige,
die aufgrund
ihres Alters nicht
dem regulären
Heer oder der
Marine ange-
hören

verhetzt: *hier*
aufgehetzt

49

ter dem Hass sitzt die Trauer in den finsteren Zimmern. Sie sparen das Licht, denn sie haben kein Licht. Das Pfarrhaus liegt neben der Kirche. Die Kirche ist ein strenger Bau, das Pfarrhaus liegt gemächlich da. Um die Kirche herum liegt der Friedhof, um das Pfarrhaus herum ein Garten. Im Kirchturm läuten die Glocken, aus dem Rauchfang des Pfarrhauses steigt blauer Dunst. Im Garten des Todes blühen die weißen Blumen, im Garten des Pfarrers wächst das Gemüse. Dort stehen Kreuze, hier steht ein Gartenzwerg. Und ein ruhendes Reh. Und ein Pilz.

Im Pfarrhaus drinnen ist Sauberkeit. Kein Stäubchen fliegt durch die Luft. Im Friedhof daneben wird alles zu Staub.

Der Pfarrer führt mich in sein schönstes Zimmer. »Nehmen Sie Platz, ich hole den Wein!«

Er geht in den Keller, ich bleibe allein.

Ich setze mich nicht.

An der Wand hängt ein Bild.

Ich kenne es.

Es hängt auch bei meinen Eltern.

Sie sind sehr fromm.

Es war im Krieg, da habe ich Gott verlassen. Es war zu viel verlangt von einem Kerl in den Flegeljahren, dass er begreift, dass Gott einen Weltkrieg zulässt.

Ich betrachte noch immer das Bild.

Gott hängt am Kreuz. Er ist gestorben. Maria weint und Johannes tröstet sie. Den schwarzen Himmel durchzuckt ein Blitz. Und rechts im Vordergrunde steht ein Krieger in Helm und Panzer, der römische Hauptmann.

Und wie ich das Bild so betrachte, bekomme ich Sehnsucht nach meinem Vaterhaus.

Ich möchte wieder klein sein.

Aus dem Fenster schauen, wenn es stürmt.

Wenn die Wolken niedrig hängen, wenn es donnert, wenn es hagelt.

Wenn der Tag dunkel wird.

Rauchfang: Schornstein

zu Staub werden: Nach Mose 3,19 werden die Toten zu Staub.

da habe ich Gott verlassen: Umkehrung der Worte Jesu am Kreuz: »Mein Gott, warum hast du mich verlassen?« (Markus 15,14)

der römische Hauptmann: Er stellte durch seinen Lanzenstich den Tod Christi fest und erkannte ihn als Gottes Sohn an. (Markus 19, 39–44)

Und es fällt mir meine erste Liebe ein. Ich möcht sie nicht wiedersehen.

Geh heim!

Und es fällt mir die Bank ein, auf der ich saß und überlegte:
5 Was willst du werden? Lehrer oder Arzt?

Lieber als Arzt wollte ich Lehrer werden. Lieber als Kranke heilen, wollte ich Gesunden etwas mitgeben, einen winzigen Stein für den Bau einer schöneren Zukunft.

Die Wolken ziehen, jetzt kommt der Schnee.

10 Geh heim!

Heim, wo du geboren wurdest. Was suchst du noch auf der Welt?

Mein Beruf freut mich nicht mehr.

Geh heim!

15 **Auf der Suche**
nach den Idealen der Menschheit

Der Wein des Pfarrers schmeckt nach Sonne. Aber der Kuchen nach Weihrauch.

Wir sitzen in der Ecke.

20 Er hat mir sein Haus gezeigt.

Seine Köchin ist fett. Sicher kocht sie gut.

»Ich esse nicht viel«, sagt plötzlich der Pfarrer.

Hat er meine Gedanken erraten?

»Ich trinke aber umso mehr«, sagte er und lacht.

25 Ich kann nicht recht lachen. Der Wein schmeckt und schmeckt doch nicht. Ich rede und stocke, immer wieder befangen. Warum nur?

»Ich weiß, was Sie beschäftigt«, meint der Pfarrer, »Sie denken an die Kinder, die in den Fenstern sitzen und die
30 Puppen bemalen und mich nicht grüßen.«

Ja, an die Kinder denke ich auch.

51

Ödön von Horváth

»Es überrascht Sie, wie mir scheint, dass ich Ihre Gedanken errate, aber das fällt mir nicht schwer, denn der Herr Lehrer hier im Dorfe sieht nämlich auch überall nur jene Kinder. Wir debattieren, wo wir uns treffen. Mit mir kann man nämlich ruhig reden, ich gehöre nicht zu jenen Priestern, die nicht hinhören oder böse werden, ich halte es mit dem heiligen Ignatius, der sagt: ›Ich gehe mit jedem Menschen durch seine Tür hinein, um ihn bei meiner Tür hinauszuführen‹.« 5

Ich lächle ein wenig und schweige. 10

Er trinkt sein Glas aus.

Ich schau ihn abwartend an. Noch kenne ich mich nicht aus.

»Die Ursache der Not«, fährt er fort, »besteht nicht darin, dass mir der Wein schmeckt, sondern darin, dass das Säge- 15 werk nicht mehr sägt. Unser Lehrer ist hier der Meinung, dass wir durch die überhastete Entwicklung der Technik andere Produktionsverhältnisse brauchen und eine ganz neuartige Kontrolle des Besitzes. Er hat recht. Warum schauen Sie mich so überrascht an?« 20

»Darf man offen reden?«

»Nur!«

»Ich denke, dass die Kirche immer auf der Seite der Reichen steht.«

»Das stimmt. Weil sie muss.« 25

»Muss?«

»Kennen Sie einen Staat, in dem nicht die Reichen regieren? ›Reichsein‹ ist doch nicht nur identisch mit ›Geldhaben‹ – und wenn es keine Sägewerksaktionäre mehr geben wird, dann werden eben andere Reiche regieren, man 30 braucht keine Aktien, um reich zu sein. Es wird immer Werte geben, von denen einige Leute mehr haben werden als alle übrigen zusammen. Mehr Sterne am Kragen, mehr Streifen am Ärmel, mehr Orden auf der Brust, sichtbar oder unsichtbar, denn arm und reich wird es immer geben, 35 genau wie dumm und gescheit. Und der Kirche, Herr Lehrer, ist leider nicht die Macht gegeben, zu bestimmen, wie ein Staat regiert werden soll. Es ist aber ihre Pflicht, immer aufseiten des Staates zu stehen, der leider immer nur von den Reichen regiert werden wird.«

5 »Ihre Pflicht?«

»Da der Mensch von Natur aus ein geselliges Wesen ist, ist er auf eine Verbindung in Familie, Gemeinde und Staat angewiesen. Der Staat ist eine rein menschliche Einrichtung, die nur den einen Zweck haben soll, die irdische Glückse-

10 ligkeit nach Möglichkeit herzustellen. Er ist naturnotwendig, also gottgewollt, der Gehorsam ihm gegenüber Gewissenspflicht.«

»Sie wollen doch nicht behaupten, dass zum Beispiel der heutige Staat nach Möglichkeit irdische Glückseligkeiten

15 herstellt?«

»Das behaupte ich keineswegs, denn die ganze menschliche Gesellschaft ist aufgebaut auf Eigenliebe, Heuchelei und roher Gewalt. Wie sagt Pascal? ›Wir begehren die Wahrheit und finden in uns nur Ungewissheit. Wir suchen

20 das Glück und finden nur Elend und Tod.‹ Sie wundern sich, dass ein einfacher Bauernpfarrer Pascal zitiert – nun, Sie müssen sich nicht wundern, denn ich bin kein einfacher Bauernpfarrer, ich wurde nur für einige Zeit hierher versetzt. Wie man so zu sagen pflegt, gewissermaßen straf-

25 versetzt« – er lächelt: »Jaja, nur selten wird einer heilig, der niemals unheilig, nur selten einer weise, der nie dumm gewesen ist! Und ohne die kleinen Dummheiten des Lebens wären wir ja alle nicht auf der Welt.«

Er lacht leise, aber ich lache nicht mit.

30 Er leert wieder sein Glas.

Ich frage plötzlich: »Wenn also die staatliche Ordnung gottgewollt –«

»Falsch!«, unterbricht er mich. »Nicht die staatliche Ordnung, sondern der Staat ist naturnotwendig, also gottge-

35 wollt.«

»Das ist doch dasselbe!«

Blaise Pascal (1623–1662): franz. Religionsphilosoph, Mathematiker und Physiker, Verfechter einer christlichen Ethik

»Nein, das ist nicht dasselbe. Gott schuf die Natur, also ist gottgewollt, was naturnotwendig ist. Aber die Konsequenzen der Erschaffung der Natur, das heißt in diesem Falle: die Ordnung des Staates, ist ein Produkt des freien menschlichen Willens. Also ist nur der Staat gottgewollt, nicht aber die staatliche Ordnung.«

»Und wenn ein Staat zerfällt?«

»Ein Staat zerfällt nie, es löst sich höchstens seine gesellschaftliche Struktur auf, um einer anderen Platz zu machen. Der Staat selbst bleibt immer bestehen, auch wenn das Volk, das ihn bildet, stirbt. Denn dann kommt ein anderes.«

»Also ist der Zusammenbruch einer staatlichen Ordnung nicht naturnotwendig?«

Er lächelt: »Manchmal ist so ein Zusammenbruch sogar gottgewollt.«

»Warum nimmt also die Kirche, wenn die gesellschaftliche Struktur eines Staates zusammenbricht, immer die Partei der Reichen? Also in unserer Zeit: Warum stellt sich die Kirche immer auf die Seite der Sägewerksaktionäre und nicht auf die Seite der Kinder in den Fenstern?«

»Weil die Reichen immer siegen.«

Ich kann mich nicht beherrschen: »Eine feine Moral!« Er bleibt ganz ruhig: »Richtig zu denken ist das Prinzip der Moral.« Er leert wieder sein Glas. »Ja, die Reichen werden immer siegen, weil sie die Brutaleren, Niederträchtigeren, Gewissenloseren sind. Es steht doch schon in der Schrift, dass eher ein Kamel durch das Nadelöhr geht, denn dass ein Reicher in den Himmel kommt.«

»Und die Kirche? Wird die durch das Nadelöhr kommen?«

»Nein«, sagt er und lächelt wieder, »das wäre allerdings nicht gut möglich. Denn die Kirche ist ja das Nadelöhr.«

Dieser Pfaffe ist verteufelt gescheit, denke ich mir, aber er hat nicht recht. Er hat nicht recht! Und ich sage: »Die Kirche dient also den Reichen und denkt nicht daran, für die Armen zu kämpfen –«

ein Kamel durch ein Nadelöhr geht [...]: Gleichnis, Kritik am Reichtum (Lukas 18,25)

»Sie kämpft auch für die Armen«, fällt er mir ins Wort, »aber an einer anderen Front.«

»An einer himmlischen, was?«

»Auch dort kann man fallen.«

5 »Wer?«

»Jesus Christus.«

»Aber das war doch der Gott! Und was kam dann?« Er schenkt mir ein und blickt nachdenklich vor sich hin. »Es ist gut«, meint er leise, »dass es der Kirche heutzutag in 10 vielen Ländern nicht gut geht. Gut für die Kirche.«

»Möglich«, antworte ich kurz und merke, dass ich aufgeregt bin. »Doch kommen wir wieder auf jene Kinder in den Fenstern zurück! Sie sagten, als wir durch die Gasse gingen: ›Sie grüßen mich nicht, sie sind verhetzt.‹ Sie sind doch ein ge- 15 scheiter Mensch, Sie müssen es doch wissen, dass jene Kinder nicht verhetzt sind, sondern dass sie nichts zum Fressen haben!«

Er sieht mich groß an.

»Ich meinte, sie seien verhetzt«, sagte er langsam, »weil sie 20 nicht mehr an Gott glauben.«

»Wie können Sie das von ihnen verlangen!«

»Gott geht durch alle Gassen.«

»Wie kann Gott durch jene Gasse gehen, die Kinder sehen und ihnen nicht helfen?«

25 Er schweigt. Er trinkt bedächtig seinen Wein aus. Dann sieht er mich wieder groß an: »Gott ist das Schrecklichste auf der Welt.«

Ich starre ihn an. Hatte ich richtig gehört? Das Schrecklichste?!

30 Er erhebt sich, tritt an das Fenster und schaut auf den Friedhof hinaus. »Er straft«, höre ich seine Stimme.

Was ist das für ein erbärmlicher Gott, denke ich mir, der die armen Kinder straft!

Jetzt geht der Pfarrer auf und ab.

Ödön von Horváth

»Man darf Gott nicht vergessen«, sagt er, »auch wenn wir es nicht wissen, wofür er uns straft. Wenn wir nur niemals einen freien Willen gehabt hätten!«

»Ach, Sie meinen die Erbsünde!«

»Ja.« 5

»Ich glaube nicht daran.«

Er hält vor mir.

»Dann glauben Sie auch nicht an Gott.«

»Richtig. Ich glaube nicht an Gott.« –

»Hören Sie«, breche ich plötzlich das Schweigen, denn nun 10 muss ich reden, »ich unterrichte Geschichte und weiß es doch, dass es auch vor Christi Geburt eine Welt gegeben hat, die antike Welt, Hellas, eine Welt ohne Erbsünde –«

»Ich glaube, ihr irrt euch«, fällt er mir ins Wort und tritt an sein Bücherregal. Er blättert in einem Buch. »Da Sie Ge- 15 schichte unterrichten, muss ich Ihnen wohl nicht erzählen, wer der erste griechische Philosoph war, ich meine: der älteste.«

»Thales von Milet.«

»Ja. Aber seine Gestalt ist noch halb in der Sage, wir wissen 20 nichts Bestimmtes von ihm. Das erste schriftlich erhaltene Dokument der griechischen Philosophie, das wir kennen, stammt von Anaximander, ebenfalls aus der Stadt Milet – geboren 610, gestorben 547 vor Christi Geburt. Es ist nur ein Satz.« 25

Er geht ans Fenster, denn es beginnt bereits zu dämmern, und liest:

»Woraus die Dinge entstanden sind, darein müssen sie auch wieder vergehen nach dem Schicksal; denn sie müssen Buße und Strafe zahlen für die Schuld ihres Daseins 30 nach der Ordnung der Zeit.«

Erbsünde: In der christl. Vorstellung sind alle Menschen sündig, weil sie nach dem Sündenfall von Adam und Eva das Paradies verlassen mussten.

Thales von Milet (624–546 v. Chr.): erster griech. Philosoph, nach dessen Auffassung alles aus dem Wasser bzw. Feuchten entstanden ist

Anaximander (um 610–546 v. Chr.): sah Wasser als Urstoff und Fische als Vorfahren der Menschen

Der römische Hauptmann

Vier Tage sind wir nun im Lager. Gestern erklärte der Feldwebel den Jungen den Mechanismus des Gewehres, wie man es pflegt und putzt. Heut putzen sie den ganzen Tag,
5 morgen werden sie schießen. Die hölzernen Soldaten warten bereits darauf, getroffen zu werden.

Die Jungen fühlen sich überaus wohl, der Feldwebel weniger. Er ist in diesen vier Tagen zehn Jahre älter geworden. In weiteren vier wird er älter aussehen, als er ist. Außer-
10 dem hat er sich den Fuß übertreten und wahrscheinlich eine Sehne verzerrt, denn er hinkt.

Doch er verbeißt seine Schmerzen. Nur mir erzählte er gestern vor dem Einschlafen, er würde schon ganz gerne wieder Kegel schieben, Karten spielen, in einem richtigen Bett
15 liegen, eine stramme Kellnerin hinten hineinzwicken, kurz: zu Hause sein. Dann schlief er ein und schnarchte.

Er träumte, er wäre ein General und hätt eine Schlacht gewonnen. Der Kaiser hätt alle seine Orden ausgezogen und selbe ihm an die Brust geheftet. Und an den Rücken. Und
20 die Kaiserin hätt ihm die Füß geküsst.

»Was hat das zu bedeuten?«, fragte er mich in aller Früh.

»Wahrscheinlich ein Wunschtraum«, sagte ich. Er sagte, er hätte es sich noch nie in seinem Leben gewünscht, dass ihm eine Kaiserin die Füß küsst. »Ich werds mal meiner
25 Frau schreiben«, meinte er nachdenklich, »die hat ein Traumbuch. Sie soll mal nachschauen, was General, Kaiser, Orden, Schlacht, Brust und Rücken bedeuten.«

Während er vor unserem Zelte schrieb, erschien aufgeregt ein Junge, und zwar der L.
30 »Was gibts?«

»Ich bin bestohlen worden!«

»Bestohlen?«

»Man hat mir meinen Apparat gestohlen, Herr Lehrer, meinen fotografischen Apparat!«
35 Er war ganz außer sich.

übertreten (österr.): verstaucht

57

Der Feldwebel sah mich an. Was tun?, lag in seinem Blick. »Antreten lassen«, sagte ich, denn mir fiel auch nichts Besseres ein. Der Feldwebel nickte befriedigt, humpelte auf den freien Platz, wo die Fahne wehte, und brüllte wie ein alter Hirsch: 5

»Regiment antreten!«

Ich wandte mich an den L:

»Hast du einen Verdacht?«

»Nein.«

Das Regiment war angetreten. Ich verhörte sie, keiner 10 konnte etwas sagen. Ich ging mit dem Feldwebel in das Zelt, wo der L schlief. Sein Schlafsack lag gleich neben dem Eingang links.

Wir fanden nichts.

»Ich halte es für ausgeschlossen«, sagte ich zum Feldwebel, 15 »dass einer der Jungen der Dieb ist, denn sonst wären ja auch mal im Schuljahr Diebstähle vorgekommen. Ich glaube eher, dass die aufgestellten Wachen nicht richtig ihre Pflicht erfüllten, sodass die Räuberbande sich hereinschleichen konnte.« 20

Der Feldwebel gab mir recht und wir beschlossen, in der folgenden Nacht die Wachen zu kontrollieren. Aber wie? Ungefähr hundert Meter vom Lager entfernt stand ein Heuschober. Dort wollten wir übernachten und von dort aus die Wachen kontrollieren. Der Feldwebel von neun bis 25 eins und ich von eins bis sechs.

Nach dem Nachtmahl schlichen wir uns heimlich aus dem Lager. Keiner der Jungen bemerkte uns. Ich machte es mir im Heu bequem. –

Um ein Uhr nachts weckt mich der Feldwebel. 30

»Bis jetzt ist alles in Ordnung«, meldet er mir. Ich klettere aus dem Heu und postiere mich im Schatten der Hütte. Im Schatten? Ja, denn es ist eine Vollmondnacht.

Eine herrliche Nacht.

Ich sehe das Lager und erkenne die Wachen. Jetzt werden 35 sie abgelöst.

Sie stehen oder gehen ein paar Schritte hin und her.

Osten, Westen, Norden, Süden – auf jeder Seite einer. Sie bewachen ihre fotografischen Apparate.

Und wie ich so sitze, fällt mir das Bild ein, das beim Pfarrer
5 hängt und auch bei meinen Eltern.

Die Stunden gehen.

Ich unterrichte Geschichte und Geografie.

Ich muss die Gestalt der Erde erklären und ihre Geschichte deuten.

10 Die Erde ist noch rund, aber die Geschichten sind viereckig geworden.

Jetzt sitze ich da und darf nicht rauchen, denn ich überwache die Wache.

Es ist wahr: Mein Beruf freut mich nicht mehr.

15 Warum fiel mir nur jenes Bild wieder ein?

Wegen des Gekreuzigten? Nein.

Wegen seiner Mutter – nein. Plötzlich wirds mir klar: wegen des Kriegers in Helm und Panzer, wegen des römischen Hauptmanns.

20 Was ist denn nur mit dem?

Er leitete die Hinrichtung eines Juden. Und als der Jude starb, sagte er: »Wahrlich, so stirbt kein Mensch!«

Er hat also Gott erkannt.

Aber was tat er? Was zog er für Konsequenzen?

25 Er blieb ruhig unter dem Kreuze stehen.

Ein Blitz durchzuckte die Nacht, der Vorhang im Tempel riss, die Erde bebte – er blieb stehen.

Er erkannte den neuen Gott, als der am Kreuze starb, und wusste nun, dass seine Welt zum Tode verurteilt war.

30 Und?

Ist er etwa in einem Krieg gefallen? Hat er es gewusst, dass er für nichts fällt?

Freute ihn noch sein Beruf?

Oder ist er etwa alt geworden? Wurde er pensioniert?

35 Lebte er in Rom oder irgendwo an der Grenze, wo es billiger war?

Ödön von Horváth

Vielleicht hatte er dort ein Häuschen. Mit einem Gartenzwerg. Und am Morgen erzählte ihm seine Köchin, dass
gestern jenseits der Grenze wieder neue Barbaren aufge-
taucht sind. Die Lucia vom Herrn Major hat sie mit eigenen Augen gesehen.   5
Neue Barbaren, neue Völker.
Sie rüsten, sie rüsten. Sie warten.
Und der römische Hauptmann wusste es, die Barbaren
werden alles zertrümmern. Aber es rührte ihn nicht. Für
ihn war bereits alles zertrümmert.   10
Er lebte still als Pensionist, er hatte es durchschaut.
Das große Römische Reich.

Der Dreck

Der Mond hängt nun direkt über den Zelten.
Es muss zirka zwei Uhr sein. Und ich denke, jetzt sind die   15
Cafés noch voll.
Was macht jetzt wohl Julius Caesar?
Er wird seinen Totenkopf illuminieren, bis ihn der Teufel
holt!
Komisch: Ich glaube an den Teufel, aber nicht an den lie-   20
ben Gott.
Wirklich nicht?
Ich weiß es nicht. Doch, ich weiß es! Ich will nicht an ihn
glauben! Nein, ich will nicht!
Es ist mein freier Wille.   25
Und die einzige Freiheit, die mir verblieb: glauben oder
nicht glauben zu dürfen.
Aber offiziell natürlich so zu tun, als ob.
Je nachdem: einmal ja, einmal nein.

Pfaffe: negative
Bezeichnung für
einen Pfarrer/
Priester Was sagte der Pfaffe?   30
»Der Beruf des Priesters besteht darin, den Menschen auf
den Tod vorzubereiten, denn wenn der Mensch keine

Angst vor dem Sterben mehr hat, wird ihm das Leben leichter.«

Satt wird er nicht davon!

»Aus diesem Leben des Elends und der Widersprüche«, sagte der Pfaffe, »rettet uns einzig und allein die göttliche Gnade und der Glaube an die Offenbarung.« Ausreden!

»Wir werden gestraft und wissen nicht wofür.«

Frag die Regierenden!

Und was sagte der Pfaffe noch?

»Gott ist das Schrecklichste auf der Welt.«

Stimmt! – –

Lieblich waren die Gedanken, die mein Herz durchzogen. Sie kamen aus dem Kopf, kostümierten sich mit Gefühl, tanzten und berührten sich kaum.

Ein vornehmer Ball. Exklusive Kreise. Gesellschaft!

Im Mondlicht drehten sich die Paare.

Die Feigheit mit der Tugend, die Lüge mit der Gerechtigkeit, die Erbärmlichkeit mit der Kraft, die Tücke mit dem Mut.

Nur die Vernunft tanzte nicht mit.

Sie hatte sich besoffen, hatte nun einen Moralischen und schluchzte in einer Tour: »Ich bin blöd, ich bin blöd!« – Sie spie alles voll.

Aber man tanzte darüber hinweg.

Ich lausche der Ballmusik.

Sie spielt einen Gassenhauer, betitelt: »Der Einzelne im Dreck«.

Sortiert nach Sprache, Rasse und Nation stehen die Haufen nebeneinander und fixieren sich, wer größer ist. Sie stinken, dass sich jeder Einzelne die Nase zuhalten muss.

Lauter Dreck! Alles Dreck!

Düngt damit!

Dünget die Erde, damit etwas wächst! Nicht Blumen, sondern Brot!

Aber betet euch nicht an!

Nicht den Dreck, den ihr gefressen habt!

Offenbarung: Jeder wird nach seinen Taten belohnt oder bestraft (Offb. 22,12).

Gassenhauer: Schlager, Ohrwurm

Ödön von Horváth

Z und N

Fast vergaß ich meine Pflicht: vor einem Heuschober zu sitzen, nicht rauchen zu dürfen und die Wache zu kontrollieren.

Ich blicke hinab: Dort wachen sie. 5

Ost und West, Nord und Süd.

Alles in Ordnung.

Doch halt! Dort geht doch was vor sich –

Was denn?

Im Norden. Dort spricht doch der Posten mit jemand. Wer 10 ist denn der Posten?

Es ist der Z.

Mit wem spricht er denn?

Oder ists nur der Schatten einer Tanne?

Nein, das ist kein Schatten, das ist eine Gestalt. 15

Jetzt scheint der Mond auf sie: Es ist ein Junge. Ein fremder Junge.

Was ist dort los?

Der Fremde scheint ihm etwas zu geben, dann ist er verschwunden. 20

Der Z rührt sich kurze Zeit nicht, ganz regungslos steht er da.

Lauscht er?

Er sieht sich vorsichtig um und zieht dann einen Brief aus der Tasche. 25

Ach, er hat einen Brief bekommen!

Er erbricht ihn rasch und liest ihn im Mondenschein.

Er steckt ihn gleich wieder ein.

Wer schreibt dem Z? – –

Der Morgen kommt und der Feldwebel erkundigt sich, ob 30 ich etwas Verdächtiges wahrgenommen hätte. Ich sage, ich hätte gar nichts wahrgenommen und die Wachen hätten ihre Pflicht erfüllt.

Ich schweige von dem Brief, denn ich weiß es ja noch nicht, ob dieser Brief mit dem gestohlenen Fotoapparat irgend- 35 wie zusammenhängt. Das muss sich noch klären, und bis es nicht bewiesen wurde, will ich den Z in keinen Verdacht bringen.

Wenn man nur den Brief lesen könnte!

5 Als wir das Lager betreten, empfangen uns die Jungen erstaunt. Wann wir denn das Lager verlassen hätten?

»Mitten in der Nacht«, lügt der Feldwebel, »und zwar ganz aufrecht, aber von eueren Wachen hat uns keiner gehen sehen, ihr müsst schärfer aufpassen, denn bei einer solchen

10 miserablen Bewachung tragens uns ja noch das ganze Lager weg, die Gewehre, die Fahne und alles, wofür wir da sind!«

Dann lässt er sein Regiment antreten und fragt, ob einer etwas Verdächtiges wahrgenommen hätte.

15 Keiner meldet sich.

Ich beobachte den Z.

Er steht regungslos da.

Was steht nur in dem Brief?

Jetzt hat er ihn in der Tasche, aber ich werde ihn lesen, ich

20 muss ihn lesen.

Soll ich ihn direkt fragen?

Das hätte keinen Sinn. Er würde es glatt ableugnen, würde den Brief dann zerreißen, verbrennen und ich könnt ihn nimmer lesen.

25 Vielleicht hat er ihn sogar schon vernichtet.

Und wer war der fremde Junge? Ein Junge, der um zwei Uhr nachts erscheint, eine Stunde weit weg vom Dorf? Oder wohnt er auf dem Bauernhof bei der blinden Alten? Aber auch dann: Immer klarer wird es mir, dass jener zur Räu-

30 berbande gehören muss. Zum Unkraut. Ist denn der Z auch Unkraut? Ein Verbrecher?

Ich muss den Brief lesen, muss, muss!

Der Brief wird allmählich zur fixen Idee. Bumm!

Heute schießen sie zum ersten Mal.

35 Bumm! Bumm! – –

Am Nachmittag kommt der R zu mir.

Er hat eine Bitte.

»Herr Lehrer«, sagte er, »ich bitte sehr, ich möchte in einem anderen Zelt schlafen. Die beiden, mit denen ich zusammen bin, raufen sich in einem fort, man kann kaum schlafen!«

»Wer sind denn die beiden?«

»Der N und der Z.«

»Der Z?«

»Ja. Aber anfangen tut noch immer der N!«

»Schick mir mal die beiden her!«

Er geht und der N kommt.

»Warum raufst du immer mit dem Z?«

»Weil er mich nicht schlafen lässt. Immer weckt er mich auf. Er zündet oft mitten in der Nacht die Kerze an.«

»Warum?«

»Weil er seinen Blödsinn schreibt.«

»Er schreibt?«

»Ja.«

»Was schreibt er denn? Briefe?«

»Nein. Er schreibt sein Tagebuch.«

»Tagebuch?«

»Ja. Er ist blöd.«

»Deshalb muss man noch nicht blöd sein.«

Es trifft mich ein vernichtender Blick.

»Das Tagebuchschreiben ist der typische Ausdruck der typischen Überschätzung des eigenen Ichs«, sagt er.

»Kann schon stimmen«, antworte ich vorsichtig, denn ich kann mich momentan nicht erinnern, ob das Radio diesen Blödsinn nicht schon mal verkündet hat.

»Der Z hat sich extra ein Kästchen mitgenommen, dort sperrt er sein Tagebuch ein.«

»Schick mir mal den Z her!«

Der N geht, der Z kommt.

»Warum raufst du immer mit dem N?«

»Weil er ein Plebejer ist.«

Ich stutze und muss an die reichen Plebejer denken.

»Ja«, sagt der Z, »er kann es nämlich nicht vertragen, dass man über sich nachdenkt. Da wird er wild. Ich führe nämlich ein Tagebuch und das liegt in einem Kästchen, neulich hat er es zertrümmern wollen, drum versteck ichs jetzt immer. Am Tag im Schlafsack, in der Nacht halt ichs in der Hand.«

Ich sehe ihn an.

Und frage ihn langsam: »Und wo ist das Tagebuch, wenn du auf Wache stehst?«

Nichts rührt sich in seinem Gesicht.

»Wieder im Schlafsack«, antwortet er.

»Und in dieses Buch schreibst du alles hinein, was du so erlebst?«

»Ja.«

»Was du hörst, siehst? Alles?«

Er wird rot.

»Ja«, sagt er leise.

Soll ich ihn jetzt fragen, wer ihm den Brief schrieb und was in dem Briefe steht? Nein. Denn es steht bei mir bereits fest, dass ich das Tagebuch lesen werde.

Er geht und ich schau ihm nach.

Er denkt über sich nach, hat er gesagt.

Ich werde seine Gedanken lesen. Das Tagebuch des Z.

Adam und Eva

Kurz nach vier marschierte das Regiment wieder ab. Sogar das »Küchenpersonal« musste diesmal mit, denn der Feldwebel wollte es allen erklären, wie man sich in die Erde gräbt und wo die Erde am geeignetsten für Schützengräben und Unterstände ist. Seit er humpelt, erklärt er lieber. Es blieb also niemand im Lager, nur ich.

Sobald das Regiment im Walde verschwand, betrat ich das Zelt, in welchem der Z mit N und R schlief.

Ödön von Horváth

Im Zelte lagen drei Schlafsäcke. Auf dem linken lag ein
Brief. Nein, der war es nicht. »Herrn Otto N« stand auf dem
Kuvert, »Absender: Frau Elisabeth N« – ach, die Bäcker-
meistersgattin! Ich konnte nicht widerstehen, was schrieb
wohl Mama ihrem Kindchen?   5
Sie schrieb: »Mein lieber Otto, danke Dir für Deine Postkar-
te. Es freut mich und Vater sehr, dass Du Dich wohlfühlst.
Nur so weiter, pass nur auf Deine Strümpfe auf, damit sie
nicht wieder verwechselt werden! Also in zwei Tagen wer-
det Ihr schon schießen? Mein Gott, wie die Zeiten vergehen! 10
Vater lässt Dir sagen, Du sollst bei Deinem ersten Schusse
an ihn denken, denn er war der beste Schütze seiner Kom-
panie. Denk Dir nur, Mandi ist gestern gestorben. Vorges-
tern hüpfte er noch so froh und munter in seinem Käfiglein
herum und tirilierte uns zur Freud. Und heut war er hin. Ich 15
weiß nicht, es grassiert eine Kanarikrankheit. Die Beinchen
hat der Ärmste von sich gestreckt, ich hab ihn im Herdfeuer
verbrannt. Gestern hatten wir einen herrlichen Rehrücken
mit Preiselbeeren. Wir dachten an Dich. Hast Du auch gut
zum futtern? Vater lässt Dich herzlichst grüßen, Du sollst 20
ihm nur immer weiter Bericht erstatten, ob der Lehrer nicht
wieder solche Äußerungen fallen lässt wie über die Neger.
Lass nur nicht locker! Vater bricht ihm das Genick! Es grüßt
und küsst Dich, mein lieber Otto, Deine liebe Mutti.«
Im Schlafsack nebenan war nichts versteckt. Hier schlief 25
also der R. Dann muss das Kästchen im dritten liegen. Dort
lag es auch. Es war ein Kästchen aus blauem Blech und
hatte ein einfaches Schloss. Es war versperrt. Ich versuch-
te, das Schloss mit einem Draht zu öffnen.
Es ließ sich leicht.   30
In dem Kästchen lagen Briefe, Postkarten und ein grün ge-
bundenes Buch – »Mein Tagebuch«, stand da in goldenen
Lettern. Ich öffnete es. »Weihnachten von Deiner Mutter.«
Wer war die Mutter des Z? Mir scheint, eine Beamtenwit-
we oder so.   35

zum Futtern:
Horváth fügt
orthografische
Fehler und
Umgangssprache
in den Brief ein.

Dann kamen die ersten Eintragungen, etwas von einem Christbaum – ich blätterte weiter, wir sind schon nach Ostern. Zuerst hat er jeden Tag geschrieben, dann nur jeden zweiten, dritten, dann jeden fünften, sechsten – und hier, hier liegt der Brief! Er ist es! Ein zerknülltes Kuvert, ohne Aufschrift, ohne Marke!

Rasch! Was steht nur drin?!

»Kann heute nicht kommen, komme morgen um zwei – Eva.«

Das war alles.

Wer ist Eva?

Ich weiß nur, wer Adam ist.

Adam ist der Z.

Und ich lese das Tagebuch:

»Mittwoch.

Gestern sind wir ins Lager gekommen. Wir sind alle sehr froh. Jetzt ist es abend, bin gestern nicht zum schreiben dazugekommen, weil wir alle sehr müde waren vom Zeltbau. Wir haben auch eine Fahne. Der Feldwebel ist ein alter Tepp, er merkts nicht, wenn wir ihn auslachen. Wir laufen schneller, wie er. Den Lehrer sehen wir gott sei dank fast nie. Er kümmert sich auch nicht um uns. Immer geht er mit einem faden Gesicht herum. Der N ist auch ein Tepp. Jetzt schreit er schon das zweite mal, ich soll die Kerze auslöschen, aber ich tus nicht, weil ich sonst überhaupt zu keinem Tagebuch mehr komme, und ich möcht doch eine Erinnerung fürs Leben. Heute Nachmittag haben wir einen großen Marsch getan, bis an die Berge. Auf dem Wege dorthin sind wir bei Felsen vorübergekommen, in denen es viele Höhlen gibt. Auf einmal kommandiert der Feldwebel, wir sollen durch das Dickicht in Schwarmlinie gegen einen markierten Feind vorgehen, der sich auf einem Höhenzug mit schweren Maschinengewehren verschanzt hat. Wir schwärmten aus, sehr weit voneinander, aber das Dickicht wurde immer dichter und plötzlich sah ich keinen mehr rechts und keinen mehr links. Ich hatte mich verirrt und war abgeschnitten. Auf einmal stand ich wieder

Abend, Schreiben: Horváth fügt bewusst orthografische Fehler in das Tagebuch ein.

vor einem Felsen mit einer Höhle, ich glaube, ich bin im Kreis herumgegangen. Plötzlich stand ein Mädchen vor mir. Sie war braunblond und hatte eine rosa Bluse und es wunderte mich, woher und wieso sie überhaupt daherkommt. Sie fragte mich, wer ich wäre. Ich sagte es ihr. Zwei Buben waren noch 5 *dabei, beide barfuß und zerrissen. Der eine trug einen Laib Brot in der Hand, der andere eine Vase. Sie sahen mich feindlich an. Das Mädchen sagte ihnen, sie mögen nach Hause gehen, sie möcht mir nur den Weg zeigen heraus aus dem Dickicht. Ich war darüber sehr froh und sie begleitete mich. Ich* 10 *fragte sie, wo sie wohne, und sie sagte, hinter dem Felsen. Aber auf der militärischen Karte, die ich hatte, stand dort kein Haus und überhaupt nirgends in dieser Gegend. Die Karte ist falsch, sagte sie. So kamen wir an den Rand des Dickichts und ich konnte in weiter Ferne das Zeltlager sehen.* 15 *Und da blieb sie stehen und sagte zu mir, sie müsse jetzt umkehren und sie würde mir einen Kuss geben, wenn ich es niemand auf der Welt sagen würde, dass ich sie hier traf. Warum?, fragte ich. Weil sie es nicht haben möchte, sagte sie. Ich sagte, geht in Ordnung, und sie gab mir einen Kuss auf die* 20 *Wange. Das gilt nicht, sagte ich, ein Kuss gilt nur auf den Mund. Sie gab mir einen Kuss auf den Mund. Dabei steckte sie mir die Zunge hinein. Ich sagte, sie ist eine Sau und was sie denn mit der Zunge mache? Da lachte sie und gab mir wieder so einen Kuss. Ich stieß sie von mir. Da hob sie einen* 25 *Stein auf und warf ihn nach mir. Wenn der meinen Kopf getroffen hätte, wär ich jetzt hin. Ich sagte es ihr. Sie sagte, das würde ihr nichts ausmachen. Dann würdest du gehänkt, sagte ich. Sie sagte, das würde sie sowieso. Plötzlich wurde es mir unheimlich. Sie sagte, ich solle ganz in ihre Nähe kommen.* 30 *Ich wollte nicht feig sein und kam. Da packte sie mich plötzlich und stieß mir noch einmal ihre Zunge in den Mund. Da wurde ich wütend, packte einen Ast und schlug auf sie ein. Ich traf sie auf den Rücken und die Schultern, aber nicht auf den Kopf. Sie gab keinen Ton von sich und brach zusammen.* 35 *Da lag sie. Ich erschrak sehr, denn ich dachte, sie wäre viel-*

leicht tot. Ich trat zu ihr hin und berührte sie mit dem Ast. Sie rührte sich nicht. Wenn sie tot ist, hab ich mir gedacht, lass ich sie da liegen und tue, als wär nichts passiert. Ich wollte schon weg, aber da bemerkte ich, dass sie simulierte. Sie blin-
5 *zelte mir nämlich nach. Ich ging rasch wieder hin. Ja, sie war nicht tot. Ich hab nämlich schon viele Tote gesehen, die sehen ganz anders aus. Schon mit sieben Jahren hab ich einen toten Polizisten und vier tote Arbeiter gesehen, es war nämlich ein Streik. Na wart, dachte ich, Du willst mich da nur erschre-*
10 *cken, aber du springst schon auf – ich erfasste vorsichtig unten ihren Rock und riss ihn plötzlich hoch. Sie hatte keine Hosen an. Sie rührte sich aber noch immer nicht und mir wurde es ganz anders. Aber plötzlich sprang sie auf und riss mich wild zu sich herab. Ich kenne das schon. Wir liebten uns.*
15 *Gleich daneben war ein riesiger Ameisenhaufen. Und dann versprach ich ihr, dass ich es niemand sagen werde, dass ich sie getroffen hab. Sie ist weggelaufen und ich hab ganz vergessen zu fragen, wie sie heißt.*
Donnerstag.
20 *Wir haben Wachen aufgestellt wegen der Räuberbanden. Der N schreit schon wieder, ich soll die Kerze auslöschen. Wenn er noch einmal schreit, dann hau ich ihm eine herunter. – Jetzt hab ich ihm eine heruntergehaut. Er hat nicht zurückgehaut. Der blöde R hat geschrien, als hätt er es bekommen, der Feig-*
25 *ling! Ich ärger mich nur, dass ich mit dem Mädel nichts ausgemacht hab. Ich hätte sie gerne wiedergesehen und mit ihr gesprochen. Ich fühlte sie heute Vormittag unter mir, wie der Feldwebel ›Auf!‹ und ›Nieder‹ kommandiert hat. Ich muss immer an sie denken. Nur ihre Zunge mag ich nicht. Aber sie*
30 *sagte, das sei Gewöhnung. Wie beim Autofahren das rasche Fahren. Was ist doch das Liebesgefühl für ein Gefühl! Ich glaube, so ähnlich muss es sein, wenn man fliegt. Aber fliegen ist sicher noch schöner. Ich weiß es nicht, ich möcht, dass sie jetzt neben mir liegt. Wenn sie nur da wär, ich bin so allein.*
35 *Von mir aus soll sie mir auch die Zunge in den Mund stecken.*

simulieren: vortäuschen

69

Ödön von Horváth

Freitag.
Übermorgen werden wir schießen, endlich! Heute Nachmittag
hab ich mit dem N gerauft, ich bring ihn noch um. Der R hat
dabei was abbekommen, was stellt sich der Idiot in den Weg!
Aber das geht mich alles nichts mehr an, ich denke nur im- 5
mer an sie und heute noch stärker. Denn heute Nacht ist sie
gekommen. Plötzlich, wie ich auf der Wache gestanden bin.
Zuerst bin ich erschrocken, dann hab ich mich riesig gefreut
und hab mich geschämt, dass ich erschrocken bin. Sie hats
nicht bemerkt, Gott sei Dank! Sie hat so wunderbar gerochen, 10
nach einem Parfüm. Ich fragte sie, woher sie es herhabe? Sie
sagte, aus der Drogerie im Dorf. Das muss teuer gewesen sein,
sagte ich. Oh nein, sagte sie, es kostete nichts. Dann umarmte
sie mich wieder und wir waren zusammen. Dabei fragte sie
mich, was tun wir jetzt? Ich sagte, wir lieben uns. Ob wir uns 15
noch oft lieben werden, fragte sie. Ja, sagte ich, noch sehr oft.
Ob sie nicht ein verdorbenes Mädchen wäre? Nein, wie könne
sie sowas sagen! Weil sie mit mir in der Nacht herumliegt.
Kein Mädchen ist heilig, sagte ich. Plötzlich sah ich eine Trä-
ne auf ihrer Wange, der Mond schien ihr ins Gesicht. Warum 20
weinst du? Und sie sagte, weil alles so finster ist. Was denn?
Und sie fragte mich, ob ich sie auch lieben würde, wenn sie
eine verlorene Seele wär? Was ist das? Und sie sagte mir, sie
hätte keine Eltern und wär mit zwölf Jahren eine Haustochter
geworden, aber der Herr wär ihr immer nachgestiegen, sie 25
hätte sich gewehrt und da hätte sie mal Geld gestohlen, um
weglaufen zu können, weil sie die Frau immer geohrfeigt hätt
wegen des Herrn, und da wär sie in eine Besserungsanstalt
gekommen, aber von dort wär sie ausgebrochen und jetzt
wohne sie in einer Höhle und würde alles stehlen, was ihr be- 30
gegnet. Vier Jungen aus dem Dorf, die nicht mehr Puppen
malen wollten, wären auch dabei, sie wär aber die Älteste
und die Anführerin. Aber ich dürfe es niemand sagen, dass
sie so eine sei, denn dann käme sie wieder in die Besserungs-
anstalt. Und sie tat mir furchtbar leid und ich fühlte plötzlich, 35
dass ich eine Seele habe. Und ich sagte es ihr und sie sagte

Haustochter:
Mädchen, junge
Frau, die als
Haushaltshilfe
arbeitet

mir, ja, jetzt fühle sie es auch, dass sie eine Seele habe. Ich
dürfe sie aber nicht missverstehen, wenn jetzt, während sie
bei mir ist, im Lager etwas gestohlen wird. Ich sagte, ich wür-
de sie nie missverstehen, nur mir dürfe sie nichts stehlen,
5 *denn wir gehörten zusammen. Dann mussten wir uns tren-*
nen, denn nun wurde ich bald abgelöst. Morgen treffen wir
uns wieder. Ich weiß jetzt, wie sie heißt. Eva.
Samstag.
Heute war große Aufregung, denn dem G wurde sein Foto ge-
10 *stohlen. Schadet nichts! Sein Vater hat drei Fabriken und die*
arme Eva muss in einer Höhle wohnen. Was wird sie machen,
wenn Winter ist? Der N schreit schon wieder wegen dem
Licht. Ich werd ihn noch erschlagen.
Ich kann die Nacht kaum erwarten, bis sie kommt! Ich möcht
15 *mit ihr in einem Zelt leben, aber ohne Lager, ganz allein! Nur*
mit ihr! Das Lager freut mich nicht mehr. Es ist alles nichts.
Oh Eva, ich werde immer für dich da sein! Du kommst in kei-
ne Besserungsanstalt mehr, in keine mehr, das schwör ich dir
zu! Ich werde dich immer beschützen! Der N schreit, er wird
20 *mein Kästchen zertrümmern, morgen, er soll es nur wagen!*
Denn hier sind meine innersten Geheimnisse drinnen, die nie-
mand was angehen. Jeder, der mein Kästchen anrührt, stirbt!»

Verurteilt

»Jeder, der mein Kästchen anrührt, stirbt!«
25 Ich lese den Satz zweimal und muss lächeln.
Kinderei!
Und ich will an das denken, was ich las, aber ich komme
nicht dazu. Vom Waldrand her tönt die Trompete, ich
muss mich beeilen, das Regiment naht. Rasch tu ich das
30 Tagebuch wieder ins Kästchen und will es versperren. Ich
drehe den Draht hin und her. Umsonst! Es lässt sich nicht
mehr schließen, ich hab das Schloss verdorben – was tun?

Sie werden gleich da sein, die Jungen. Ich verstecke das offene Kästchen im Schlafsack und verlasse das Zelt. Es blieb mir nichts anderes übrig. Jetzt kommt das Regiment daher. In der vierten Reihe marschiert der Z.

Du hast also ein Mädel und das nennt sich Eva. Und du 5 weißt es, dass deine Liebe stiehlt. Aber du schwörst trotzdem, sie immer zu beschützen.

Ich muss wieder lächeln. Kinderei, elende Kinderei!

Jetzt hält das Regiment und tritt ab.

Jetzt kenne ich deine »innersten Geheimnisse«, denke ich, 10 aber plötzlich kann ich nicht mehr lächeln. Denn ich sehe den Staatsanwalt. Er blättert in seinen Akten. Die Anklage lautet auf Diebstahl und Begünstigung. Nicht nur Eva, auch Adam hat sich zu verantworten. Man müsste den Z sofort verhaften. 15

Ich will es dem Feldwebel sagen und die Gendarmerie verständigen. Oder soll ich zuerst allein mit dem Z reden?

Nun steht er drüben bei den Kochtöpfen und erkundigt sich, was er zum Essen bekommen wird. Er wird von der Schule fliegen und das Mädel kommt zurück in die Besse- 20 rungsanstalt.

Beide werden eingesperrt.

Adieu Zukunft, lieber Z!

Es sind schon größere Herren über die Liebe gestolpert, über die Liebe, die auch naturnotwendig ist und also eben- 25 falls gottgewollt.

Und ich höre wieder den Pfaffen: »Das Schrecklichste auf der Welt ist Gott.«

Und ich höre einen wüsten Lärm, Geschrei und Gepolter. Alles stürzt zu einem Zelt. 30

Es ist das Zelt mit dem Kästchen. Der Z und der N raufen, man kann sie kaum trennen.

Der N ist rot, er blutet aus dem Mund. Der Z ist weiß.

»Der N hat sein Kästchen erbrochen!«, ruft mir der Feldwebel zu. 35

»Nein!«, schreit der N. »Ich habs nicht getan, ich nicht!«

»Wer denn sonst?!«, schreit der Z. »Sagen Sies selber, Herr
Lehrer, wer könnt es denn sonst schon getan haben?!«

»Lüge, Lüge!«

»Er hat es erbrochen und sonst niemand! Er hats mir ja
5 schon angedroht, dass er es mir zertrümmern wird!«

»Aber ich habs nicht getan!«

»Ruhe!«, brüllt plötzlich der Feldwebel.

Es ist still.

Der Z lässt den N nicht aus den Augen.

10 Jeder, der sein Kästchen anrührt, stirbt, geht es mir plötzlich durch den Sinn.

Unwillkürlich blick ich empor.

Aber der Himmel ist sanft.

Ich fühle, der Z könnte den N umbringen.

15 Auch der N scheint es zu spüren. Er wendet sich kleinlaut
an mich.

»Herr Lehrer, ich möcht in einem anderen Zelt schlafen.«

»Gut.«

»Ich habs wirklich nicht gelesen, sein Tagebuch. Helfen Sie
20 mir, Herr Lehrer!«

»Ich werde dir helfen.«

Jetzt sieht mich der Z an. Du kannst nicht helfen, liegt in
seinem Blick.

Ich weiß, ich habe den N verurteilt.

25 Aber ich wollt es doch nur wissen, ob der Z mit den Räu-
bern ging, und ich wollt ihn doch nicht leichtfertig in einen
Verdacht bringen, drum hab ich das Kästchen erbrochen.

Warum sag ichs nur nicht, dass ich es bin, der das Tagebuch las?

30 Nein, nicht jetzt! Nicht hier vor allen! Aber ich werde es sagen. Sicher! Nur nicht vor allen, ich schäme mich! Allein
werd ichs ihm sagen. Von Mann zu Mann! Und ich will
auch mit dem Mädel reden, heut Nacht, wenn er sie trifft.

Ich werde ihr sagen, sie soll sich nur ja nimmer blicken las-
35 sen, und diesem dummen Z werde ich ordentlich seinen
Kopf waschen – dabei solls dann bleiben! Schluss!

73

Ödön von Horváth

Wie ein Raubvogel zieht die Schuld ihre Kreise. Sie packt
uns rasch.
Aber ich werde den N freisprechen.
Er hat ja auch nichts getan.
Und ich werde den Z begnadigen. Und auch das Mädel.   5
Ich lasse mich nicht unschuldig verurteilen!
Ja, Gott ist schrecklich, aber ich will ihm einen Strich durch
die Rechnung machen. Mit meinem freien Willen.
Einen dicken Strich.
Ich werde uns alle retten.   10
Und wie ich so überlege, fühle ich, dass mich wer anstarrt.
Es ist der T.
Zwei helle, runde Augen schauen mich an. Ohne Schim-
mer, ohne Glanz.
Der Fisch!, durchzuckt es mich.   15
Er sieht mich noch immer an, genau wie damals beim Be-
gräbnis des kleinen W.
Er lächelt leise, überlegen, spöttisch. Seltsam starr.
Weiß er, dass ich es bin, der das Kästchen erbrach?

Der Mann im Mond   20

Der Tag wurde mir lang. Endlich sank die Sonne.
Der Abend kam und ich wartete auf die Nacht. Die Nacht
kam und ich schlich mich aus dem Lager. Der Feldwebel
schnarchte bereits, es hat mich keiner gesehen. Zwar hing
noch der Vollmond über dem Lager, aber aus dem Westen   25
zogen die Wolken in finsteren Fetzen vorbei. Immer wieder
wurde es stockdunkel und immer länger währte es, bis das
silberne Licht wiederkam.
Dort, wo der Wald fast die Zelte berührt, dort wird er wachen, der Z. Dort saß ich nun hinter einem Baum. Ich sah   30
ihn genau, den Posten. Es war der G.
Er ging etwas auf und ab.

Droben rasten die Wolken, unten schien alles zu schlafen.
Droben tobte ein Orkan, unten rührte sich nichts.
Nur ab und zu knackte ein Ast.
Dann hielt der G und starrte in den Wald.
5 Ich sah ihm in die Augen, aber er konnte mich nicht sehen.
Hat er Angst?
Im Wald ist immer was los, besonders in der Nacht.
Die Zeit verging.
Jetzt kommt der Z.
10 Er grüßt den G und der geht.
Der Z bleibt allein.
Er sieht sich vorsichtig um und blickt dann zum Mond empor.
Es gibt einen Mann im Mond, fällt es mir plötzlich ein, der
15 sitzt auf der Sichel, raucht seine Pfeife und kümmert sich
um nichts. Nur manchmal spuckt er auf uns herab. Vielleicht hat er recht.
Er wird schon wissen, was er tut. – –
Um zirka halb drei erschien endlich das Mädel, und zwar
20 derart lautlos, dass ich sie erst bemerkte, als sie bereits bei
ihm stand. Wo kam sie her?
Sie war einfach da.
Jetzt umarmt sie ihn und er umarmt sie.
Sie küssen sich.
25 Das Mädel steht mit dem Rücken zu mir und ich kann ihn
nicht sehen. Sie muss größer sein als er –
Jetzt werde ich hingehen und mit den beiden sprechen. Ich
erhebe mich vorsichtig, damit sie mich nicht hören. Denn
sonst läuft mir das Mädel weg.
30 Und ich will doch auch mit ihr reden.
Sie küssen sich noch immer.
Es ist Unkraut und gehört vertilgt, geht es mir plötzlich
durch den Sinn.
Ich sehe eine blinde Alte, die stolpert und stürzt.
35 Und immer muss ich an das Mädel denken, wie sie sich
reckt und über die Hecke schaut.

Ödön von Horváth

Sie muss einen schönen Rücken haben.

Ihre Augen möchte ich sehen –

Da kommt eine Wolke und alles wird finster.

Sie ist nicht groß, die Wolke, denn sie hat einen silbernen Rand. Wie der Mond wieder scheint, gehe ich hin. Jetzt scheint er wieder, der Mond. ⁵

Das Mädel ist nackt.

Er kniet vor ihr.

Sie ist sehr weiß.

Ich warte. ¹⁰

Sie gefällt mir immer mehr.

Geh hin! Sag, dass du das Kästchen erbrochen hast! Du, nicht der N! Geh hin, geh!

Ich gehe nicht hin.

Jetzt sitzt er auf einem Baumstamm und sie sitzt auf sei- ¹⁵ nen Knien.

Sie hat herrliche Beine.

Geh hin!

Ja, sofort –

Und es kommen neue Wolken, schwärzere, größere. Sie ha- ²⁰ ben keine silbernen Ränder und decken die Erde zu. Der Himmel ist weg, ich sehe nichts mehr.

Ich lausche, aber es gehen nur Schritte durch den Wald.

Ich halte den Atem an.

Wer geht? ²⁵

Oder ist es nur der Sturm von droben?

Ich kann mich selber nicht mehr sehen.

Wo seid ihr, Adam und Eva?

Im Schweiße eueres Angesichts solltet ihr euer Brot verdie- ³⁰ nen, aber es fällt euch nicht ein. Eva stiehlt einen fotografi- schen Apparat und Adam drückt beide Augen zu, statt zu wachen – –

Ich werd es ihm morgen sagen, diesem Z, morgen in aller Frühe, dass ich es war, der sein Kästchen erbrach. Morgen lass ich mich durch nichts mehr hindern! ³⁵

Wo seid ihr, Adam und Eva?: Frage Gottes nach dem Sündenfall (1. Mose 3,10)

Im Schweiße eures Angesichts: Anspielung an die Verstoßung Adam und Evas aus dem Paradies (1. Mose 3,19)

Und wenn mir der liebe Gott tausend nackte Mädchen
schickt! –
Immer stärker wird die Nacht.
Sie hält mich fest, finster und still.
5 Jetzt will ich zurück.
Vorsichtig taste ich vor –
Mit der vorgestreckten Hand berühre ich einen Baum. Ich
weiche ihm aus.
Ich taste weiter – da, ich zucke entsetzt zurück!
10 Was war das?!
Mein Herz steht still.
Ich möchte rufen, laut, laut – aber ich beherrsche mich.
Was war das?!
Nein, das war kein Baum!
15 Mit der vorgestreckten Hand fasste ich in ein Gesicht.
Ich zittere.
Wer steht da vor mir?
Ich wage nicht mehr, weiterzugehen.
Wer ist das?!
20 Oder habe ich mich getäuscht?
Nein, ich hab es zu deutlich gefühlt: die Nase, die Lippen –
Ich setze mich auf die Erde.
Ist das Gesicht noch dort drüben?
Warte, bis das Licht kommt!
25 Rühre dich nicht! –
Über den Wolken raucht der Mann im Mond.
Es regnet leise.
Spuck mich nur an, Mann im Mond!

Der vorletzte Tag

30 Endlich wird es grau, der Morgen ist da.
Es ist niemand vor mir, kein Gesicht und nichts.

Ich schleiche mich wieder ins Lager zurück. Der Feldwebel liegt auf dem Rücken mit offenem Mund. Der Regen klopft an die Wand. Erst jetzt bin ich müde.

Schlafen, schlafen –

Als ich erwache, ist das Regiment bereits fort. Ich werde es 5 dem Z sagen, dass ich es war und nicht der N, sowie er zurückkommt.

Es ist der vorletzte Tag.

Morgen brechen wir unsere Zelte ab und fahren in die Stadt zurück. 10

Es regnet in Strömen, nur manchmal hört es auf. In den Tälern liegen dicke Nebel. Wir sollten die Berge nimmer sehen.

Mittags kommt das Regiment zurück, aber nicht komplett. Der N fehlt. 15

Er dürfte sich verlaufen haben, meint der Feldwebel, und er würde uns schon finden.

Ich muss an die Höhlen denken, die im Tagebuch des Z stehen, und werde unsicher.

Ist es Angst? 20

Jetzt muss ichs ihm aber sogleich sagen, es wird allmählich Zeit!

Der Z sitzt in seinem Zelte und schreibt. Er ist allein. Als er mich kommen sieht, klappt er rasch sein Tagebuch zu und blickt mich misstrauisch an. 25

»Ach, wir schreiben wieder unser Tagebuch«, sage ich und versuche zu lächeln. Er schweigt und blickt mich nur an.

Da sehe ich, dass seine Hände zerkratzt sind.

Er bemerkt, dass ich die Kratzer beobachte, zuckt etwas zusammen und steckt die Hände in die Taschen. 30

»Frierts dich?«, frage ich und lasse ihn nicht aus den Augen.

Er schweigt noch immer, nickt nur Ja und ein spöttisches Lächeln huscht über sein Gesicht.

»Hör mal«, beginne ich langsam, »du meinst, dass der N 35 dein Kästchen erbrochen hat –«

»Ich meine es nicht nur«, fällt er mir plötzlich fest ins Wort, »sondern er hats auch getan.«

»Woher willst du denn das wissen?«

»Er selbst hat es mir gesagt.«

5 Ich starre ihn an. Er selbst hat es gesagt? Aber das ist doch unmöglich, er hat es doch gar nicht getan!

Der Z blickt mich forschend an, doch nur einen Augenblick lang. Dann fährt er fort: »Er hats mir heut Vormittag gestanden, dass er das Kästchen geöffnet hat. Mit einem

10 Draht, aber dann könnt er es nicht wieder schließen, denn er hatte das Schloss ruiniert.«

»Und?«

»Und er hat mich um Verzeihung gebeten und ich habe ihm verziehen.«

15 »Verziehen?«

»Ja.«

Er blickt gleichgültig vor sich hin. Ich kenne mich nicht mehr aus und es fällt mir wieder ein: »Jeder, der mein Kästchen anrührt, stirbt!«

20 »Weißt du, wo der N jetzt steckt?«, frage ich plötzlich.

Er bleibt ganz ruhig.

»Woher soll ich das wissen? Sicher hat er sich verirrt. Ich hab mich auch schon mal verirrt« – er erhebt sich und es macht den Eindruck, als würde er nicht mehr weiterreden

25 wollen. Da bemerke ich, dass sein Rock zerrissen ist.

Rock (österr.): Jacke, Sakko

Soll ich es ihm sagen, dass er lügt? Dass der N es ihm niemals gestanden haben konnte, denn ich, ich habe doch sein Tagebuch gelesen –

Aber warum lügt der Z?

30 Nein, ich darf gar nicht daran denken! –

Warum sagte ich es ihm nur nicht sofort, gleich gestern, als er den N verprügelte! Weil ich mich schämte, vor meinen Herren Schülern zu gestehen, dass ich heimlich mit einem Draht ein Kästchen erbrochen hab, obwohl dies in bester

35 Absicht geschehen ist – verständlich, verständlich! Aber warum verschlief ich nur heute früh?! Richtig, ich saß ja in

der Nacht im Wald und machte das Maul nicht auf! Und jetzt, jetzt dürfte es wenig nützen, wenn ich es aufmachen würde. Es ist zu spät.

Richtig, auch ich bin schuld.

Auch ich bin der Stein, über den er stolperte, die Grube, in die er fiel, der Felsen, von dem er hinunterstürzte – Warum hat mich heut früh nur niemand geweckt?!

Ich wollte mich nicht unschuldig verurteilen lassen und schlief, statt mich zu verteidigen. Mit meinem freien Willen wollte ich einen dicken Strich durch eine Rechnung machen, aber die Rechnung war bereits längst bezahlt.

Ich wollte uns alle retten, aber wir waren bereits ertrunken.

In dem ewigen Meer der Schuld.

Doch wer ist denn schuld, dass das Schloss verdarb? Dass es sich nicht mehr zusperren ließ?

Egal ob offen oder zu, ich hätte es sagen müssen!

Die Pfade der Schuld berühren sich, kreuzen, verwickeln sich. Ein Labyrinth. Ein Irrgarten – mit Zerrspiegeln.

Jahrmarkt, Jahrmarkt!

Hereinspaziert, meine Herrschaften!

Zahlt Buße und Strafe für die Schuld eueres Daseins! Nur keine Angst, es ist zu spät!

Am Nachmittag zogen wir alle aus, um den N zu finden.

Wir durchsuchten das ganze Gebiet, riefen »N!« und wieder »N!«, aber es kam keine Antwort. Ich erwartete auch keine.

Es dämmerte bereits, als wir zurückkehrten. Durchnässt, durchfroren. Die Suche verlief ergebnislos.

»Wenn das so weiterregnet«, flucht der Feldwebel, »gibts noch die schönste Sündflut!«

Und es fiel mir wieder ein: Als es aufhörte zu regnen und die Wasser der Sündflut wichen, sprach der Herr: »Ich will hinfort nicht mehr die Erde bestrafen um der Menschen willen.«

Und wieder frage ich mich: Hat der Herr sein Versprechen
gehalten?

Es regnet immer stärker.

»Wir müssens der Gendarmerie melden«, sagt der Feldwe-
5 bel, »dass der N abgängig ist.«

»Morgen.«

»Ich versteh Sie nicht, Herr Lehrer, dass Sie so ruhig sind.«

»Ich denke, er wird sich verirrt haben, man verirrt sich ja
leicht, und vielleicht übernachtet er auf irgendeinem Bau-
10 ernhof.«

»In der Gegend dort gibts keine Höfe, nur Höhlen.« Ich
horche auf. Das Wort versetzt mir wieder einen Schlag.

»Wollen es hoffen«, fährt der Feldwebel fort, »dass er in einer Höhle sitzt und dass er sich nichts gebrochen hat.«

15 Ja, wollen wir hoffen. –

Plötzlich frage ich den Feldwebel: »Warum haben Sie mich
heute früh nicht geweckt?«

»Nicht geweckt?« Er lacht. »Ich hab Sie in einer Tour geweckt, aber Sie sind ja dagelegen, als hätt Sie der Teufel ge-
20 holt!«

Richtig, Gott ist der Schrecklichste auf der Welt.

Der letzte Tag

Am letzten Tage unseres Lagerlebens kam Gott.

Ich erwartete ihn bereits.

25 Der Feldwebel und die Jungen zerlegten gerade die Zelte,
als er kam.

Sein Erscheinen war furchtbar. Dem Feldwebel wurde es
übel und er musste sich setzen. Die Jungen standen entsetzt herum, halb gelähmt. Erst allmählich bewegten sie
30 sich wieder, und zwar immer aufgeregter.

Nur der Z bewegte sich kaum.

Er starrte zu Boden und ging auf und ab. Doch nur ein paar Meter. Immer hin und her.

Dann schrie alles durcheinander, so schien es mir.

Nur der Z blieb stumm.

Was war geschehen?

Zwei Waldarbeiter waren im Lager erschienen, zwei Holzfäller mit Rucksack, Säge und Axt. Sie berichteten, dass sie einen Jungen gefunden hätten. Sie hatten seinen Schulausweis bei sich.

Es war der N.

Er lag in der Nähe der Höhlen in einem Graben, unweit der Lichtung. Mit einer klaffenden Kopfwunde. Ein Stein musste ihn getroffen haben oder ein Schlag mit irgendeinem stumpfen Gegenstande.

Auf alle Fälle war er hin. Tot und tot.

Man hat ihn erschlagen, sagten die Waldarbeiter.

Ich stieg mit den Waldarbeitern ins Dorf hinab. Zur Gendarmerie. Wir liefen fast. Gott blieb zurück.

Die Gendarmen telefonierten mit dem Staatsanwalt in der nächsten Stadt und ich telegrafierte meinem Direktor. Die Mordkommission erschien und begab sich an den Ort der Tat.

Dort lag der N im Graben.

Er lag auf dem Bauche.

Jetzt wurde er fotografiert.

Die Herren suchten die nähere Umgebung ab. Peinlich genau. Sie suchten das Mordinstrument und irgendwelche Spuren.

Sie fanden, dass der N nicht in jenem Graben erschlagen wurde, sondern ungefähr zwanzig Meter entfernt davon. Man sah deutlich die Spur, wie er in den Graben geschleift worden war, damit ihn niemand finde.

Und sie fanden auch das Mordinstrument. Einen blutbefleckten spitzigen Stein. Auch einen Bleistift fanden sie und einen Kompass.

Der Arzt konstatierte, dass der Stein mit großer Wucht aus nächster Nähe den Kopf des N getroffen haben musste.

Und zwar meuchlings, von rückwärts.

Befand sich der N auf der Flucht?

5 Der Untat musste nämlich ein heftiger Kampf vorangegangen sein, denn sein Rock war zerrissen. Und seine Hände zerkratzt. –

Als die Mordkommission das Lager betrat, erblickte ich sogleich den Z. Er saß etwas abseits. Auch sein Rock ist zer-
10 rissen, ging es mir durch den Sinn, und auch seine Hände sind zerkratzt.

Aber ich werde mich hüten, davon zu reden! Mein Rock hat zwar keinen Riss und meine Hände sind ohne Kratzer, aber trotzdem bin auch ich daran schuld! –

15 Die Herren verhörten uns. Wir wussten alle nichts über den Hergang des Verbrechens. Auch ich nicht. Und auch der Z nicht.

Als der Staatsanwalt mich fragte: »Haben Sie keinen Verdacht?« – da sah ich wieder Gott. Er trat aus dem Zelte, wo
20 der Z schlief, und hatte das Tagebuch in der Hand.

Jetzt sprach er mit dem R und ließ den Z nicht aus den Augen.

Der kleine R schien Gott nicht zu sehen, nur zu hören.

Immer größer wurden seine Augen, als blickte er plötzlich
25 in neues Land.

Da höre ich wieder den Staatsanwalt: »So reden Sie doch! Haben Sie keinen Verdacht?«

»Nein.«

»Herr Staatsanwalt«, schreit plötzlich der R und drängt
30 sich vor, »der Z und der N haben sich immer gerauft! Der N hat nämlich das Tagebuch des Z gelesen und deshalb war ihm der Z todfeind – er führt nämlich ein Tagebuch, es liegt in einem Kästchen aus blauem Blech!«

Alle blicken auf den Z.

meuchlings: hinterhältig, heimtückisch

83

Ödön von Horváth

Der steht mit gesenktem Haupt. Man kann sein Gesicht nicht sehen. Ist es weiß oder rot? Langsam tritt er vor. Er hält vor dem Staatsanwalt.

Es wird sehr still.

»Ja«, sagt er leise, »ich habs getan.«   5

Er weint.

Ich werfe einen Blick auf Gott.

Er lächelt.

Warum?

Und wie ich mich so frage, sehe ich ihn nicht mehr. Er ist   10
wieder fort.

Die Mitarbeiter

Morgen beginnt der Prozess.

Ich sitze auf der Terrasse eines Cafés und lese die Zeitungen. Der Abend ist kühl, denn es ist Herbst geworden.   15
Schon seit vielen Tagen berichten die Zeitungen über die kommende Sensation. Einzelne unter der Überschrift Mordprozess Z, andere unter Mordprozess N. Sie bringen Betrachtungen, Skizzen, graben alte Kriminalfälle mit Jugendlichen im Mittelpunkt aus, sprechen über die Jugend   20
überhaupt und an sich, prophezeien und kommen vom Hundertsten ins Tausendste, finden aber dennoch immer irgendwie zurück zum Ermordeten N und seinem Mörder Z. Heute früh erschien ein Mitarbeiter bei mir und interviewte mich. Im Abendblatt muss es schon drinnen sein.   25
Ich suche das Blatt. Er hat mich sogar fotografiert.

Ja, das ist mein Bild! Hm, ich hätt mich kaum wiedererkannt. Eigentlich ganz nett. Und unter dem Bilde steht:

»Was sagt der Lehrer?«

Nun, was sage ich?   30

»Einer unserer Mitarbeiter besuchte heute Vormittag im städtischen Gymnasium jenen Lehrer, der seinerzeit im

Frühjahr die oberste Aufsicht über jenes Zeltlager innehatte, allwo sich die verhängnisvolle Tragödie unter Jugendlichen abrollen sollte. Der Lehrer sagte, er stehe vor einem Rätsel, und zwar nach wie vor. Der Z sei immer ein aufge-
5 weckter Schüler gewesen und ihm, dem Lehrer, wären niemals irgendwelche charakterliche Anomalitäten, geschweige denn Defekte oder verbrecherische Instinkte aufgefallen.
Unser Mitarbeiter legte dem Lehrer die folgenschwere Frage vor, ob diese Untat ihre Wurzel etwa in einer gewissen
10 Verrohung der Jugend hätte, was jedoch der Lehrer strikt bestritt. Die heutige Jugend, meinte er, sei keineswegs verroht, sie sei vielmehr, dank der allgemeinen Gesundung, äußerst pflichtbewusst, aufopferungsfreudig und absolut national. Dieser Mord sei ein tief bedauerlicher Einzelfall,
15 ein Rückfall in schlimmste liberalistische Zeiten. Jetzt läutet die Schulglocke, die Pause ist aus und der Lehrer empfiehlt sich. Er schreitet in die Klasse, um junge, aufgeschlossene Seelen zu wertvollen Volksgenossen auszubilden.
Gottlob ist der Fall Z nur ein Ausnahmefall, der ausnahms-
20 weise Durchbruch eines verbrecherischen Individualismus!«
Hinter meinem Interview folgt eines mit dem Feldwebel. Auch sein Bild ist in der Zeitung, aber so hat er mal ausgesehen, vor dreißig Jahren. Ein eitler Kopf.
25 Nun, was sagt der Feldwebel?
»Unser Mitarbeiter besuchte auch den seinerzeitigen militärischen Ausbildungsleiter. Der militärische Ausbildungsleiter, kurz MA genannt, empfing unseren Mitarbeiter mit ausgesuchter Höflichkeit, doch in der strammen Haltung
30 des alten, immer noch frischen Haudegens. Seiner Ansicht nach entspringt die Tat einem Mangel an Disziplin. Eingehend äußerte er sich über den Zustand des Leichnams des Ermordeten anlässlich dessen Auffindung. Er hatte den ganzen Weltkrieg mitgemacht, jedoch niemals eine derart
35 grauenhafte Wunde gesehen. ›Als alter Soldat bin ich für den Frieden‹, schloss sein aufschlussreiches Gespräch.«

Anomalität: Abweichung von der Norm

Volksgenossen: offizielle Bezeichnung für die deutschstämmigen Mitglieder der »Volksgemeinschaft«, von den Nationalsozialisten verwendet

Ödön von Horváth

»Unser Mitarbeiter besuchte auch die Präsidentin des Verbandes gegen die Kinderverwahrlosung, die Frau Rauchfangkehrermeister K. Die Präsidentin bedauert den Fall aus tiefstem Inneren heraus. Sie kann schon seit Tagen nicht mehr schlafen, visionäre Träume quälen die verdienstvolle Frau. Ihrer Meinung nach wäre es höchste Zeit, dass die maßgebenden Faktoren endlich bessere Besserungsanstalten bauten angesichts der sozialen Not.«

Ich blättere weiter. Ach, wer ist denn das? Richtig, das ist ja der Bäckermeister N, der Vater des Toten! Und auch seine Gattin ist abgebildet, Frau Elisabeth N, geborene S.

»Ihre Frage«, sagt der Bäckermeister zum Mitarbeiter, »will ich gerne beantworten. Das unbestechliche Gericht wird es herauszufinden haben, ob unser ärmster Otto nicht doch nur das Opfer eines sträflichen Leichtsinns der Aufsichtsstelle geworden ist, ich denke jetzt ausschließlich an den Lehrer und keineswegs an den MA. Justitia fundamentum regnorum. Überhaupt müsste eine richtige Durchsiebung des Lehrpersonals erfolgen, es wimmelt noch vor lauter getarnten Staatsfeinden. Bei Philippi sehen wir uns wieder!«

Und die Frau Bäckermeister meint: »Ottochen war meine Sonne. Jetzt hab ich halt nur mehr meinen Gatten. Aber Ottochen und ich, wir stehen immer in einem geistigen Kontakt. Ich bin in einem spiritistischen Zirkel.«

Ich lese weiter.

In einer anderen Zeitung steht: »Die Mutter des Mörders wohnt in einer Dreizimmerwohnung. Sie ist die Witwe des Universitätsprofessors Z, der vor zirka zehn Jahren starb. Professor Z war ein angesehener Physiologe. Seine Studien über die Reaktion der Nerven anlässlich von Amputationen erregten nicht nur in Fachkreisen Aufsehen. Vor zirka zwanzig Jahren bildete er einige Zeit hindurch das Hauptangriffsziel des Vereins gegen Vivisektion. Frau Professor Z verweigert uns leider jede Aussage. Sie sagt nur: ›Meine Herren, können Sie es sich denn nicht denken, was ich

Justitia fundamentum regnorum: Die Gerechtigkeit ist die Grundlage der Herrschaft.

spiritistischer Zirkel: Gruppe von Menschen, die bei ihren Treffen mit den Geistern Verstorbener in Kontakt zu treten versucht

Physiologe: Wissenschaftler, der die Funktionen von Lebewesen untersucht

Vivisektion: operativer Eingriff am lebenden Tier zur Ermittlung der Funktion von Organen

durchzumachen habe?‹ Sie ist eine mittelgroße Dame. Sie trug Trauer.« Und in einer anderen Zeitung entdeckte ich den Verteidiger des Angeklagten. Er hat auch mit mir schon dreimal gesprochen und scheint Feuer und Flamme

5 für den Fall zu sein. Ein junger Anwalt, der weiß, was für ihn auf dem Spiele steht.

Alle Mitarbeiter blicken auf ihn.

Es ist ein langes Interview.

»In diesem sensationellen Mordprozess, meine Herren«,

10 beginnt der Verteidiger sein Interview, »befindet sich die Verteidigung in einer prekären Situation. Sie hat nämlich ihre Klinge nicht nur gegen die Staatsanwaltschaft, sondern auch gegen den Angeklagten, den sie ja verteidigen muss, zu führen.«

prekär: heikel, schwierig

15 »Wieso?«

»Der Angeklagte, meine Herren, bekennt sich eines Verbrechens wider die Person schuldig. Es ist Totschlag und nicht Mord, wie ich ganz besonders zu vermerken bitte. Aber trotz des Geständnisses des jugendlichen Angeklagten bin

20 ich felsenfest davon überzeugt, dass er nicht der Täter ist. Meiner Überzeugung nach deckt er jemanden.«

»Sie wollen doch nicht behaupten, Herr Doktor, dass jemand anderer die Tat beging?«

»Doch, meine Herren, das will ich sogar sehr behaupten!

25 Abgesehen davon, dass mir dies auch ein undefinierbares Gefühl sagt, gewissermaßen der Jagdinstinkt des Kriminalisten, habe ich auch bestimmte Gründe für meine Behauptung. Er war es nicht! Überlegen Sie sich doch mal die Motive der Tat! Er erschlägt seinen Mitschüler, weil dieser

30 sein Tagebuch las. Aber was stand denn in dem Tagebuch? Doch hauptsächlich die Affäre mit jenem verkommenen Mädchen. Er schützt das Mädchen und verkündet unüberlegt: ›Jeder, der mein Tagebuch anrührt, stirbt!‹ – gewiss, gewiss! Es spricht alles gegen ihn und doch auch wieder

35 nicht alles. Abgesehen davon, dass die ganze Art und Weise seines Geständnisses einer ritterlichen Haltung nicht

ganz entbehrt, ist es denn nicht auffallend, dass er über den eigentlichen Totschlag nicht spricht? Kein Wörtchen über den Hergang der Tat! Warum erzählt er sie uns nicht? Er sagt, er erinnere sich nicht mehr. Falsch! Er könnte sich nämlich gar nicht erinnern, denn er weiß es ja nicht, wie, wo und wann sein bedauernswerter Mitschüler erschlagen wurde. Er weiß nur, es geschah mit einem Stein. Man zeigt ihm Steine, er kann sich nicht mehr erinnern. Meine Herren, er deckt die Tat eines anderen!«

»Aber der zerrissene Rock und die Kratzer an den Händen?«

»Gewiss, er hat den N auf einem Felsen getroffen und hat mit ihm gerauft, das erzählt er uns ja auch mit allen Einzelheiten. Aber dass er ihm dann nachgeschlichen ist und hinterrücks mit einem Stein – nein-nein! Den N erschlug ein anderer oder vielmehr: eine andere!«

»Sie meinen jenes Mädchen?«

»Jawohl, die meine ich! Sie beherrschte ihn, sie beherrscht ihn noch immer. Er ist ihr hörig. Meine Herren, wir werden auch die Psychiater vernehmen!«

»Ist das Mädchen als Zeugin geladen?«

»Natürlich! Sie wurde kurz nach dem Morde in einer Höhle verhaftet und ist bereits längst abgeurteilt, samt ihrer Bande. Wir werden Eva sehen und hören, vielleicht schon morgen.«

»Wie lange wird der Prozess dauern?«

»Ich rechne mit zwei bis drei Tagen. Es sind zwar nicht viele Zeugen geladen, aber, wie gesagt, ich werde mit dem Angeklagten scharf kämpfen müssen. Hart auf hart! Ich fechte es durch! Er wird wegen Diebstahlsbegünstigung verurteilt werden – das ist alles!«

Ja, das ist alles.

Von Gott spricht keiner.

Mordprozess Z oder N

Vor dem Justizpalast standen dreihundert Menschen. Sie
wollten alle hinein, doch das Tor war zu, denn die Einlass-
karten waren bereits seit Wochen vergeben. Meist durch
5 Protektion, aber nun wurde streng kontrolliert.
In den Korridoren kam man kaum durch.
Alle wollten den Z sehen.
Besonders die Damenwelt.
Vernachlässigt und elegant, waren sie geil auf Katastro-
10 phen, von denen sie kein Kind bekommen konnten.
Sie lagen mit dem Unglück anderer Leute im Bett und be-
friedigten sich mit einem künstlichen Mitleid.
Die Pressetribüne war überfüllt.
Als Zeugen war u. a. geladen: die Eltern des N, die Mutter
15 des Z, der Feldwebel, der R, der mit Z und N das Zelt geteilt
hatte, die beiden Waldarbeiter, die die Leiche des Ermordeten gefunden hatten, der Untersuchungsrichter, die Gendarmen usw., usw.
Und natürlich auch ich.
20 Und natürlich auch Eva.
Aber die war noch nicht im Saal. Sie sollte erst vorgeführt
werden.
Der Staatsanwalt und der Verteidiger blättern in den Akten.
25 Jetzt sitzt Eva in einer Einzelzelle und wartet, dass sie
drankommt.
Der Angeklagte erscheint. Ein Wachmann begleitet ihn.
Er sieht aus wie immer. Nur bleicher ist er geworden und
mit den Augen zwinkert er. Es stört ihn das Licht. Sein
30 Scheitel ist noch in Ordnung.
Er setzt sich auf die Angeklagtenbank, als wärs eine Schul-
bank.
Alle sehen ihn an.
Er blickt kurz hin und erblickt seine Mutter.
35 Er starrt sie an – was rührt sich in ihm?

Scheinbar nichts.

Seine Mutter schaut ihn kaum an.

Oder scheint es nur so?

Denn sie ist dicht verschleiert – schwarz und schwarz, kein Gesicht. 5

Der Feldwebel begrüßt mich und erkundigt sich, ob ich sein Interview gelesen hätte. Ich sage »Ja« und der Bäckermeister N horcht auf meine Stimme hin gehässig auf. Er könnt mich wahrscheinlich erschlagen.

Mit einer altbackenen Semmel. 10

Schleier

Der Präsident des Jugendgerichtshofes betritt den Saal und alles erhebt sich. Er setzt sich und eröffnet die Verhandlung.

Ein freundlicher Großpapa. 15

Die Anklageschrift wird verlesen.

Z wird nicht des Totschlags, sondern des Mordes angeklagt, und zwar des meuchlerischen.

Der Großpapa nickt, als würde er sagen: »Oh, diese Kinder!« 20

Dann wendet er sich dem Angeklagten zu.

Z erhebt sich.

Er gibt seine Personalien an und ist nicht befangen.

Nun soll er in freier Rede sein Leben erzählen. Er wirft einen scheuen Blick auf seine Mutter und wird befangen. 25

Es wäre so gewesen wie bei allen Kindern, fängt er dann leise an. Seine Eltern wären nicht besonders streng gewesen, wie eben alle Eltern. Sein Vater sei schon sehr bald gestorben.

Er ist das einzige Kind.

Die Mutter führt ihr Taschentuch an die Augen, aber oberhalb des Schleiers. 30

Ihr Sohn erzählt, was er werden wollte – ja, er wollte mal ein großer Erfinder werden. Aber er wollte nur Kleinigkeiten erfinden, wie zum Beispiel: einen neuartigen Reißverschluss.

»Sehr vernünftig«, nickte der Präsident. »Aber wenn du
5 nichts erfunden hättest?«

»Dann wäre ich Flieger geworden. Postflieger. Am liebsten nach Übersee.«

Zu den Negern?, muss ich unwillkürlich denken.

Und wie der Z so von seiner ehemaligen Zukunft spricht,
10 rückt die Zeit immer näher und näher – bald wird er da sein, der Tag, an dem der liebe Gott kam. Der Z schildert das Lagerleben, das Schießen, Marschieren, das Hissen der Flagge, den Feldwebel und mich. Und er sagt einen sonderbaren Satz: »Die Ansichten des Herrn Lehrers waren mir
15 oft zu jung.«

Der Präsident staunt.

»Wieso?«

»Weil der Herr Lehrer immer nur sagte, wie es auf der Welt sein sollte, und nie, wie es wirklich ist.«
20 Der Präsident sieht den Z groß an. Fühlt er, dass nun ein Gebiet betreten wurde, wo das Radio regiert? Wo die Sehnsucht nach der Moral zum alten Eisen geworfen wird, während man vor der Brutalität der Wirklichkeit im Staube liegt? Ja, er scheint es zu fühlen, denn er sucht nach einer
25 günstigen Gelegenheit, um die Erde verlassen zu können. Plötzlich fragt er den Z: »Glaubst du an Gott?«

»Ja«, sagt der Z, ohne zu überlegen.

»Und kennst du das fünfte Gebot?«

»Ja.«

30 »Bereust du deine Tat?«

»Ja«, meint der Z, »ich bereue sie sehr.«

Sie klang aber unecht, die Reue.

Der Präsident schnäuzte sich.

Das Verhör wandte sich dem Mordtag zu.
35 Die Einzelheiten, die bereits jeder kannte, wurden abermals durchgekaut.

das fünfte Gebot:
»Du sollst nicht
töten.« (2. Mose
20,13), eines der
zehn Gebote

91

»Wir sind sehr früh fortmarschiert«, erzählt der Z zum hundertsten Mal, »und sind dann bald in einer Schwarmlinie durch das Dickicht gegen einen Höhenzug vorgerückt, der von dem markierten Feinde gehalten wurde. In der Nähe der Höhlen traf ich zufällig den N. Es war auf einem Felsen. Ich hatte eine riesige Wut auf den N, weil er mein Kästchen erbrochen hat. Er hat es zwar geleugnet –« 5

»Halt!«, unterbricht ihn der Präsident. »Der Herr Lehrer hat es hier in den Akten vor dem Untersuchungsrichter zu Protokoll gegeben, dass du ihm gesagt hättest, der N hätte 10 es dir gestanden, dass er das Kästchen erbrochen hat.«

»Das hab ich nur so gesagt.«

»Warum?«

»Damit kein Verdacht auf mich fällt, wenn es herauskommt.« 15

»Aha. Weiter!«

»Wir gerieten also ins Raufen, ich und der N, und er warf mich fast den Felsen hinab – da wurde es mir rot vor den Augen und ich sprang wieder empor und warf ihm den Stein hinauf.« 20

»Auf dem Felsen?«

»Nein.«

»Sondern wo?«

»Das hab ich vergessen.«

Er lächelt. 25

Es ist nichts aus ihm herauszubekommen.

Er erinnert sich nicht mehr.

»Und wo setzt sie wieder ein, deine Erinnerung?«

»Ich ging ins Lager zurück und schrieb es in mein Tagebuch hinein, dass ich mit dem N gerauft habe.« 30

»Ja, das ist die letzte Eintragung, aber du hast den letzten Satz nicht zu Ende geschrieben.«

»Weil mich der Herr Lehrer gestört hat.«

»Was wollte er von dir?«

»Ich weiß es nicht.« 35

»Nun, er wird es uns schon erzählen.«

Auf dem Gerichtstisch liegt das Tagebuch, ein Bleistift und ein Kompass. Und ein Stein.

Der Präsident fragt den Z, ob er den Stein wiedererkenne?

Der Z nickt Ja.

5 »Und wem gehört der Bleistift, der Kompass?«

»Die gehören nicht mir.«

»Sie gehören dem unglücklichen N«, sagt der Präsident und blickt wieder in die Akten. »Doch nein! Nur der Bleistift gehört dem N! Warum sagst du es denn nicht, dass der

10 Kompass dir gehört?«

Der Z wird rot.

»Ich hab es vergessen«, entschuldigt er sich leise.

Da erhebt sich der Verteidiger: »Herr Präsident, vielleicht gehört der Kompass wirklich nicht ihm.«

15 »Was wollen Sie damit sagen?«

»Damit will ich sagen, dass dieser fatale Kompass, der dem N nicht gehört, vielleicht auch dem Z nicht gehört, sondern vielleicht einer dritten Person. Bitte mal den Angeklagten zu fragen, ob wirklich niemand Dritter dabei war,

20 als die Tat geschah.«

Er setzte sich wieder und der Z wirft einen kurzen, feindseligen Blick auf ihn.

»Es war keinerlei dritte Person dabei«, sagt er fest.

Da springt der Verteidiger auf: »Wieso erinnert er sich so

25 fest daran, dass keine dritte Person dabei war, wenn er sich überhaupt nicht erinnern kann, wann, wie und wo die Tat verübt wurde?!«

Aber nun mischt sich auch der Staatsanwalt ins Gespräch.

»Der Herr Verteidiger will anscheinend darauf hinaus«,

30 meint er ironisch, »dass nicht der Angeklagte, sondern der große Unbekannte den Mord vollführte. Jawohl, der große Unbekannte –«

»Ich weiß nicht«, unterbricht ihn der Verteidiger, »ob man ein verkommenes Mädchen, das eine Räuberbande organi-

35 sierte, ohne Weiteres als große Unbekannte bezeichnen darf –«

fatal: verhängnisvoll

Ödön von Horváth

»Das Mädel war es nicht«, fällt ihm der Staatsanwalt ins Wort, »sie wurde weiß Gott eingehend genug verhört, wir werden ja auch den Herrn Untersuchungsrichter als Zeugen hören – abgesehen davon, dass ja der Angeklagte die Tat glatt zugibt, er hat sie sogar sogleich zugegeben, was 5 auch in gewisser Hinsicht für ihn spricht. Die Absicht der Verteidigung, die Dinge so hinzustellen, als hätte das Mädchen gemordet und als würde der Z sie nur decken, führt zu Hirngespinsten!« »Abwarten!«, lächelt der Verteidiger und wendet sich an den Z: »Steht es nicht schon in deinem Ta- 10 gebuch, sie nahm einen Stein und warf ihn nach mir – und wenn der mich getroffen hätte, dann wär ich jetzt hin?«
Der Z sieht ihn ruhig an. Dann macht er eine wegwerfende Geste.
»Ich hab übertrieben, es war nur ein kleiner Stein.« 15
Und plötzlich gibt er sich einen Ruck.
»Verteidigen Sie mich nicht mehr, Herr Doktor, ich möchte bestraft werden für das, was ich tat!«
»Und deine Mutter?«, schreit ihn sein Verteidiger an.
»Denkst du denn gar nicht an deine Mutter, was die lei- 20 det?! Du weißt ja nicht, was du tust!«
Der Z steht da und senkt den Kopf.
Dann blickt er auf seine Mutter. Fast forschend.
Alle schauen sie an, aber sie können nichts sehen vor lauter Schleier. 25

In der Wohnung

Einvernahme:
Vernehmung,
Befragung

Vor Einvernahme der Zeugen schaltet der Präsident eine Pause ein. Es ist Mittag. Der Saal leert sich allmählich, der Angeklagte wird abgeführt. Staatsanwalt und Verteidiger blicken sich siegesgewiss an. 30
Ich gehe in den Anlagen vor dem Justizpalast spazieren.
Es ist ein trüber Tag, nass und kalt.

Die Blätter fallen – ja, es ist wieder Herbst geworden. Ich
biege um eine Ecke und halte fast.
Aber ich gehe gleich weiter.
Auf der Bank sitzt die Mutter des Z.
5 Sie rührt sich nicht.
Sie ist eine mittelgroße Dame, fällt es mir ein.
Unwillkürlich grüße ich. Sie dankt jedoch nicht.
Wahrscheinlich hat sie mich gar nicht gesehen.
Wahrscheinlich ist sie ganz anderswo – –
10 Die Zeit, in der ich an keinen Gott glaubte, ist vorbei. Heute
glaube ich an ihn. Aber ich mag ihn nicht. Ich sehe ihn noch
vor mir, wie er im Zeltlager mit dem kleinen R spricht und
den Z nicht aus den Augen lässt. Er muss stechende, tückische Augen haben – kalt, sehr kalt. Nein, er ist nicht gut.
15 Warum lässt er die Mutter des Z so sitzen? Was hat sie
denn getan? Kann sie für das, was ihr Sohn verbrach? Warum verurteilt er die Mutter, wenn er den Sohn verdammt?
Nein, er ist nicht gerecht.
Ich will mir eine Zigarette anzünden.
20 Zu dumm, ich hab sie zu Hause vergessen!
Ich verlasse die Anlagen und suche ein Zigarettengeschäft.
In einer Seitenstraße finde ich eines.
Es ist ein kleines Geschäft und gehört einem uralten Ehe-
paar. Es dauert lang, bis der Alte die Schachtel öffnet und
25 die Alte zehn Zigaretten zählt. Sie stehen sich gegenseitig
im Wege, sind aber freundlich zueinander. Die Alte gibt mir
zu wenig heraus und ich mache sie lächelnd darauf aufmerksam. Sie erschrickt sehr. »Gott behüt!«, meint sie und
ich denke, wenn dich Gott behütet, dann bist du ja wohl
30 geborgen.
Sie hat kein Kleingeld und geht hinüber zum Metzger
wechseln.
Ich bleib mit dem Alten zurück und zünde mir eine Zigarette an.
35 Er fragt, ob ich einer vom Gericht wär, denn bei ihm kauf-
ten hauptsächlich Herren vom Gericht. Und schon fängt er

Ödön von Horváth

auch mit dem Mordprozess an. Der Fall sei nämlich riesig
interessant, denn da könnte man deutlich Gottes Hand da-
rin beobachten.
Ich horche auf.
»Gottes Hand?«   5
»Ja«, sagt er, »denn in diesem Fall scheinen alle Beteiligten
schuld zu sein. Auch die Zeugen, der Feldwebel, der Leh-
rer – und auch die Eltern.«
»Die Eltern?«
»Ja. Denn nicht nur die Jugend, auch die Eltern kümmern 10
sich nicht mehr um Gott. Sie tun, als wär er gar nicht da.«
Ich blicke auf die Straße hinaus.
Die Alte verlässt die Metzgerei und geht nach rechts zum
Bäcker. Aha, der Metzger konnte auch nicht wechseln.
Es ist niemand auf der Straße zu sehen und plötzlich wer- 15
de ich einen absonderlichen Gedanken nicht mehr los: Es
hat etwas zu bedeuten, denke ich, dass der Metzger nicht
wechseln kann. Es hat etwas zu bedeuten, dass ich hier
warten muss.
Ich sehe die hohen, grauen Häuser und sage: »Wenn man 20
nur wüsste, wo Gott wohnt.«
»Er wohnt überall, wo er nicht vergessen wurde«, höre ich
die Stimme des Alten. »Er wohnt auch hier bei uns, denn
wir streiten uns nie.«
Ich halte den Atem an.   25
Was war das?
War das noch die Stimme des Alten?
Nein, das war nicht seine – das war eine andere Stimme.
Wer sprach da zu mir?
Ich dreh mich nicht um.   30
Und wieder höre ich die Stimme:
»Wenn du als Zeuge aussagst und meinen Namen nennst,
dann verschweige es nicht, dass du das Kästchen erbro-
chen hast.«
Nein! Da werd ich doch nur bestraft, weil ich den Dieb 35
nicht verhaften ließ!

96

»Das sollst du auch!«

Aber ich verliere auch meine Stellung, mein Brot –

»Du musst es verlieren, damit kein neues Unrecht entsteht.«

5 Und meine Eltern?! Ich unterstütze sie ja!

»Soll ich dir deine Kindheit zeigen?«

Meine Kindheit?

Die Mutter keift, der Vater schimpft. Sie streiten sich immer. Nein, hier wohnst du nicht. Hier gehst du nur vorbei

10 und dein Kommen bringt keine Freude –

Ich möchte weinen.

»Sage es«, höre ich die Stimme, »sage es, dass du das Kästchen erbrochen hast. Tu mir den Gefallen und kränke mich nicht wieder.«

15 **Der Kompass**

Der Prozess schreitet fort.

Die Zeugen sind dran.

Der Waldarbeiter, die Gendarmen, der Untersuchungsrichter, der Feldwebel, sie habens schon hinter sich. Auch der

20 Bäckermeister N und seine Gattin Elisabeth sagten schon, was sie wussten. Sie wussten alle nichts.

Der Bäckermeister brachte es nicht übers Herz, meine Ansicht über die Neger unerwähnt zu lassen. Er richtete heftige Vorwürfe gegen meine verdächtige Gesinnung und der

25 Präsident sah ihn missbilligend an, wagte es aber nicht, ihn zu unterbrechen.

Jetzt wird die Mutter des Z aufgerufen.

Sie erhebt sich und tritt vor.

Der Präsident setzt es ihr auseinander, dass sie sich ihrer

30 Zeugenaussage entschlagen könnte, doch sie fällt ihm ins Wort, sie wolle aussagen.

Sie spricht, nimmt jedoch den Schleier nicht ab.

sich ihrer Zeugenaussage entschlagen: die Aussage verweigern

97

Ödön von Horváth

Organ: *hier* Stimme

Sie hat ein unangenehmes Organ.

Der Z sei ein stilles, jedoch jähzorniges Kind, erzählt sie, und diesen Jähzorn hätte er von seinem Vater geerbt. Krank wäre er nie gewesen, nur so die gewöhnlichen harm- losen Kinderkrankheiten hatte er durchgemacht. Geistige 5 Erkrankungen wären in der Familie auch nicht vorgekom- men, weder väterlicher- noch mütterlicherseits.

Plötzlich unterbricht sie sich selber und fragt: »Herr Präsi- dent, darf ich an meinen Sohn eine Frage richten?«

»Bitte!« 10

Sie tritt an den Gerichtstisch, nimmt den Kompass in die Hand und wendet sich ihrem Sohne zu.

»Seit wann hast du denn einen Kompass?«, fragt sie und es klingt wie Hohn. »Du hast doch nie einen gehabt, wir ha- ben uns ja noch gestritten vor deiner Abreise ins Lager, 15 weil du sagtest, alle haben einen, nur ich nicht, und ich werde mich verirren ohne Kompass – woher hast du ihn also?«

Der Z starrt sie an.

Sie wendet sich triumphierend an den Präsidenten: »Es ist 20 nicht sein Kompass und den Mord hat der begangen, der diesen Kompass verloren hat!«

Der Saal murmelt und der Präsident fragt den Z: »Hörst du, was deine Mutter sagt?«

»Ja«, sagt er langsam. »Meine Mutter lügt.« 25

Fakultätsgutach- ten: medizini- sches Gutachten

Der Verteidiger schnellt empor: »Ich beantrage, ein Fakul- tätsgutachten über den Geisteszustand des Angeklagten einzuholen!«

Der Präsident meint, das Gericht würde sich später mit diesem Antrag befassen. 30

Die Mutter fixiert den Z: »Ich lüge, sagst du?«

»Ja.«

»Ich lüge nicht!«, brüllt sie plötzlich los. »Nein, ich habe noch nie in meinem Leben gelogen, aber du hast immer gelogen, immer! Ich sage die Wahrheit und nur die Wahr- 35

heit, aber du willst doch nur dieses dreckige Weibsbild beschützen, dieses verkommene Luder!«

»Das ist kein Luder!«

»Halt den Mund!«, kreischt die Mutter und wird immer
5 hysterischer. »Du denkst eh immer nur an lauter solche
elende Fetzen, aber nie denkst du an deine arme Mutter!«

»Das Mädel ist mehr wert wie du!«

»Ruhe!«, schreit der Präsident empört und verurteilt den Z
wegen Zeugenbeleidigung zu zwei Tagen Haft. »Unerhört«,
10 fährt er ihn an, »wie du deine eigene Mutter behandelst!
Das lässt aber tief blicken!«

Jetzt verliert der Z seine Ruhe.

Der Jähzorn, den er von seinem Vater geerbt hat, bricht
aus.

15 »Das ist doch keine Mutter!«, schreit er. »Nie kümmert sie
sich um mich, immer nur um ihre Dienstboten! Seit ich lebe, höre ich ihre ekelhafte Stimme, wie sie in der Küche die
Mädchen beschimpft!«

»Er hat immer zu den Mädeln gehalten, Herr Präsident!
20 Genau wie mein Mann!« Sie lacht kurz.

»Lach nicht, Mutter!«, herrscht sie der Sohn an. »Erinnerst
du dich an die Thekla?!«

»An was für eine Thekla?!«

»Sie war fünfzehn Jahre alt und du hast sie sekkiert, wo du
25 nur konntest! Bis elf Uhr nachts musste sie bügeln und
morgens um halb fünf schon aufstehen und zu fressen hat
sie auch nichts bekommen! Und dann ist sie weg – erinnerst du dich?«

»Ja, sie hat gestohlen!«

30 »Um fortzukönnen! Ich war damals sechs Jahre alt und
weiß es noch genau, wie der Vater nach Haus gekommen
ist und gesagt hat, das arme Mädel ist erwischt worden, sie
kommt in die Besserungsanstalt! Und daran warst du
schuld, nur du!«

35 »Ich?!«

»Vater hat es auch gesagt!«

hysterisch: über-
spannt

elende Fetzen:
Prostituierte

sekkieren
(österr.): schika-
nieren, quälen

»Vater, Vater! Der hat vieles gesagt!«

»Vater hat nie gelogen! Ihr habt euch damals entsetzlich gestritten und Vater schlief nicht zu Haus, erinnerst du dich? Und so ein Mädel wie die Thekla, so eines ist auch die Eva – genauso! Nein, Mutter, ich mag dich nicht mehr!«

Es wurde sehr still im Saal.

Dann sagt der Präsident: »Ich danke, Frau Professor!«

Das Kästchen

Nun bin ich dran.

Es ist bereits dreiviertel fünf.

Ich werde als Zeuge vereidigt.

Ich schwöre bei Gott, nach bestem Gewissen die Wahrheit zu sagen und nichts zu verschweigen.

Jawohl, nichts zu verschweigen.

Während ich schwöre, wird der Saal unruhig.

Was gibts?

Ich dreh mich kurz um und erblicke Eva.

Sie setzt sich gerade auf die Zeugenbank, begleitet von einer Gefängnisbeamtin.

Ihre Augen wollt ich mal sehen, geht es mir durch den Sinn. Ich werde sie mir anschauen, sowie ich alles gesagt haben werde.

Jetzt komme ich nicht dazu.

Ich muss ihr den Rücken zeigen, denn vor mir steht das Kruzifix.

Sein Sohn.

Ich schiele nach dem Z.

Er lächelt.

Ob sie jetzt wohl auch lächelt – hinter meinem Rücken?

Ich beantworte die Fragen des Präsidenten. Er streift auch wieder die Neger – ja, wir verstehen uns. Ich stelle dem N ein gutes Zeugnis aus und ebenso dem Z. Beim Mord war ich nicht dabei. Der Präsident will mich schon entlassen, da falle ich ihm ins Wort: »Nur noch eine Kleinigkeit, Herr Präsident!«

»Bitte!«

5 »Jenes Kästchen, in welchem das Tagebuch des Z lag, erbrach nicht der N.«

»Nicht der N? Sondern?«

»Sondern ich. Ich war es, der das Kästchen mit einem Draht öffnete.«

10 Die Wirkung dieser Worte war groß.

Der Präsident ließ den Bleistift fallen, der Verteidiger schnellte empor, der Z glotzte mich an mit offenem Munde, seine Mutter schrie auf, der Bäckermeister wurde bleich wie Teig und griff sich ans Herz.

15 Und Eva?

Ich weiß es nicht.

Ich fühle nur eine allgemeine, ängstliche Unruhe hinter mir.

Es murrt, es tuschelt.

20 Der Staatsanwalt erhebt sich hypnotisiert und deutet langsam mit dem Finger nach mir. »Sie?!«, fragt er gedehnt.

»Ja«, sage ich und wundere mich über meine Ruhe. Ich fühle mich wunderbar leicht.

Und erzähle nun alles.

25 Warum ich das Kästchen erbrach und weshalb ich es dem Z nicht sogleich gestand. Weil ich mich nämlich schämte, aber es war auch eine Feigheit dabei.

Ich erzähle alles.

Weshalb ich das Tagebuch las und warum ich keine gesetz-
30 lichen Konsequenzen zog, denn ich wollte einen Strich durch eine Rechnung ziehen. Einen dicken Strich. Durch eine andere Rechnung. Ja, ich war dumm! Ich bemerke, dass der Staatsanwalt zu notieren beginnt, aber das stört mich nicht.

35 Alles, alles!

Erzähl nur zu!

Auch Adam und Eva. Und die finsteren Wolken und den Mann im Mond!

Als ich fertig bin, steht der Staatsanwalt auf.

»Ich mache den Herrn Zeugen darauf aufmerksam, dass er sich über die Konsequenzen seiner interessanten Aussage keinerlei Illusionen hingeben soll. Die Staatsanwaltschaft behält es sich vor, Anklage wegen Irreführung der Behörden und Diebstahlsbegünstigung zu erheben.«

»Bitte«, verbeuge ich mich leicht, »ich habe geschworen, nichts zu verschweigen.«

Da brüllt der Bäckermeister: »Er hat meinen Sohn am Gewissen, nur er!« Er bekommt einen Herzanfall und muss hinausgeführt werden. Seine Gattin hebt drohend den Arm: »Fürchten Sie sich«, ruft sie mir zu, »fürchten Sie sich vor Gott.«

Nein, ich fürchte mich nicht mehr vor Gott.

Ich spüre den allgemeinen Abscheu um mich herum. Nur zwei Augen verabscheuen mich nicht.

Sie ruhen auf mir.

Still wie die dunklen Seen in den Wäldern meiner Heimat.

Eva, bist du schon der Herbst?

Vertrieben aus dem Paradies

Eva wird nicht vereidigt.

»Kennst du das?«, fragt sie der Präsident und hebt den Kompass hoch.

»Ja«, sagt sie, »das zeigt die Richtung an.«

»Weißt du, wem der gehört?«

»Mir nicht, aber ich kann es mir denken.«

»Schwindel nur nicht!«

»Ich schwindle nicht. Ich möchte jetzt genauso die Wahrheit sagen wie der Herr Lehrer.«

Wie ich?

Der Staatsanwalt lächelt ironisch.

Der Verteidiger lässt sie nicht aus den Augen.

»Also los!«, meint der Präsident.

Und Eva beginnt:

5 »Als ich den Z in der Nähe unserer Höhle traf, kam der N daher.«

»Du warst also dabei?«

»Ja.«

»Und warum sagst du das erst jetzt? Warum hast du denn
10 die ganze Untersuchung über gelogen, dass du nicht dabei warst, wie der Z den N erschlug?!«

»Weil der Z nicht den N erschlug.«

»Nicht der Z?! Sondern?!«

Ungeheuer ist die Spannung. Alles im Saal beugt sich vor.
15 Sie beugen sich über das Mädchen, aber das Mädchen wird nicht kleiner.

Der Z ist sehr blass.

Und Eva erzählt: »Der Z und der N rauften fürchterlich, der N war stärker und warf den Z über den Felsen hinab. Ich
20 dachte, jetzt ist er hin, und ich wurde sehr wild und ich dachte auch, er kennt ja das Tagebuch und weiß alles von mir – ich nahm einen Stein, diesen Stein da, und lief ihm nach. Ich wollte ihm den Stein auf den Kopf schlagen, ja, ich wollte, aber plötzlich sprang ein fremder Junge aus dem
25 Dickicht, entriss mir den Stein und eilte dem N nach. Ich sah, wie er ihn einholte und mit ihm redete. Es war bei einer Lichtung. Den Stein hielt er noch immer in der Hand. Ich versteckte mich, denn ich hatte Angst, dass die beiden zurückkommen. Aber sie kamen nicht, sie gingen eine an-
30 dere Richtung, der N zwei Schritte voraus. Auf einmal hebt der Fremde den Stein und schlägt ihn von hinten dem N auf den Kopf. Der N fiel hin und rührte sich nicht. Der Fremde beugte sich über ihn und betrachtete ihn, dann schleifte er ihn fort. In einen Graben. Er wusste es nicht,
35 dass ich alles beobachtete. Ich lief dann zum Felsen zurück und traf dort den Z. Er tat sich nichts durch den Sturz, nur

sein Rock war zerrissen und seine Hände waren zerkratzt.« – –

Der Verteidiger findet als Erster seine Sprache wieder:

»Ich stelle den Antrag, die Anklage gegen Z fallen zu lassen –« 5

»Moment, Herr Doktor«, unterbricht ihn der Präsident und wendet sich an den Z, der das Mädel immer noch entgeistert anstarrt.

»Ist das wahr, was sie sagte?«

»Ja«, nickt leise der Z. 10

»Hast du es denn auch gesehen, dass ein fremder Junge den N erschlug?«

»Nein, das habe ich nicht gesehen.«

»Na also!«, atmet der Staatsanwalt erleichtert auf und lehnt sich befriedigt zurück. 15

»Er sah nur, dass ich den Stein erhob und dem N nachlief«, sagte Eva.

konstatieren: feststellen, bemerken

»Also warst du es, die ihn erschlug«, konstatiert der Verteidiger.

Aber das Mädchen bleibt ruhig. 20

»Ich war es nicht.«

Sie lächelt sogar.

»Wir kommen noch darauf zurück«, meint der Präsident. »Ich möchte jetzt nur hören, warum ihr das bis heute verschwiegen habt, wenn ihr unschuldig seid. Nun?« 25

Die beiden schweigen.

Dann beginnt wieder das Mädchen.

»Der Z hat es auf sich genommen, weil er gedacht hat, dass ich den N erschlagen hätt. Er hat es mir nicht glauben wollen, dass es ein anderer tat.« 30

»Und wir sollen es dir glauben?«

Jetzt lächelt sie wieder.

»Ich weiß es nicht, es ist aber so –«

»Und du hättest ruhig zugeschaut, dass er unschuldig verurteilt wird?« 35

»Ruhig nicht, ich hab ja genug geweint, aber ich hatte so Angst vor der Besserungsanstalt – und dann, dann hab ichs doch jetzt gesagt, dass er es nicht gewesen ist.«

»Warum erst jetzt?«

5 »Weil halt der Herr Lehrer auch die Wahrheit gesagt hat.«

»Sonderbar!«, grinst der Staatsanwalt.

»Und wenn der Herr Lehrer nicht die Wahrheit gesagt hätte?«, erkundigt sich der Präsident.

»Dann hätte auch ich geschwiegen.«

10 »Ich denke«, meint der Verteidiger sarkastisch, »du liebst den Z. Die wahre Liebe ist das allerdings nicht.«

Man lächelt.

Eva blickt den Verteidiger groß an.

»Nein«, sagt sie leise, »ich liebe ihn nicht.«

15 Der Z schnellt empor.

»Ich hab ihn auch nie geliebt«, sagt sie etwas lauter und senkt den Kopf.

Der Z setzt sich langsam wieder und betrachtet seine rechte Hand.

20 Er wollte sie beschützen, aber sie liebt ihn nicht.

Er wollte sich für sie verurteilen lassen, aber sie liebte ihn nie.

Es war nur so –

An was denkt jetzt der Z?

25 Denkt er an seine ehemalige Zukunft?

An den Erfinder, den Postflieger?

Es war alles nur so –

Bald wird er Eva hassen.

> sarkastisch: boshaft, mit beißendem Spott

Der Fisch

30 »Nun«, fährt der Präsident fort, Eva zu verhören, »du hast also den N mit diesem Steine hier verfolgt?«

»Ja.«

»Und du wolltest ihn erschlagen?«

»Aber ich tat es nicht!«

»Sondern?«

»Ich habs ja schon gesagt, es kam ein fremder Junge, der stieß mich zu Boden und lief mit dem Stein dem N nach.« 5

»Wie sah denn dieser fremde Junge aus?«

»Es ging alles so rasch, ich weiß es nicht –«

»Ach, der große Unbekannte!«, spöttelt der Staatsanwalt.

»Würdest du ihn wiedererkennen?«, lässt der Präsident nicht locker. 10

»Vielleicht. Ich erinner mich nur, er hatte helle, runde Augen. Wie ein Fisch.«

Das Wort versetzt mir einen ungeheuren Hieb.

Ich springe auf und schreie: »Ein Fisch?!«

»Was ist Ihnen?«, fragt der Präsident und wundert sich. 15

Alles staunt.

Ja, was ist mir denn nur?

Ich denke an einen illuminierten Totenkopf.

Es kommen kalte Zeiten, höre ich Julius Caesar, das Zeitalter der Fische. Da wird die Seele des Menschen unbeweg- 20
lich wie das Antlitz eines Fisches.

Zwei helle, runde Augen sehen mich an. Ohne Schimmer, ohne Glanz.

Es ist der T.

Er steht an dem offenen Grabe. 25

Er steht auch im Zeltlager und lächelt leise, überlegen spöttisch.

Hat er es schon gewusst, dass ich das Kästchen erbrochen hab?

Hat auch er das Tagebuch gekannt? 30

Hat er spioniert?

Ist er dem Z nachgeschlichen und dem N?

Er lächelt seltsam starr.

Ich rühre mich nicht.

Und wieder fragt der Präsident: »Was ist Ihnen?« 35

Soll ich es sagen, dass ich an den T denke?

Unsinn!

Es fehlt doch jedes Motiv –

Und ich sage: »Verzeihung, Herr Präsident, aber ich bin etwas nervös.«

5 »Begreiflich!«, grinst der Staatsanwalt.

Ich verlasse den Saal.

Ich weiß, sie werden den Z freisprechen und das Mädel verurteilen. Aber ich weiß auch, es wird sich alles ordnen.

Morgen oder übermorgen wird die Untersuchung gegen 10 mich eingeleitet werden. Wegen Irreführung der Behörde und Diebstahlsbegünstigung.

Man wird mich vom Lehramt suspendieren.

Ich verliere mein Brot.

Aber es schmerzt mich nicht.

15 Was werd ich fressen?

Komisch, ich hab keine Sorgen.

Die Bar fällt mir ein, in der ich Julius Caesar traf.

Sie ist nicht teuer.

Aber ich besaufe mich nicht.

20 Ich geh heim und leg mich nieder.

Ich hab keine Angst mehr vor meinem Zimmer.

Wohnt er jetzt auch bei mir?

Er beißt nicht an

Richtig, im Morgenblatt steht es bereits!

25 Der Z wurde nur wegen Irreführung der Behörden und Diebstahlsbegünstigung unter Zubilligung mildernder Umstände zu einer kleinen Freiheitsstrafe verurteilt, aber gegen das Mädchen erhob der Staatsanwalt die Anklage wegen Verbrechens des meuchlerischen Mordes.

30 Der neue Prozess dürfte in drei Monaten stattfinden.

Das verkommene Geschöpf hat zwar hartnäckig ihre Unschuld beteuert, schreibt der Gerichtssaalberichterstatter, aber es war wohl niemand zugegen, der ihrem Geschrei irgendwelchen Glauben geschenkt hat. Wer einmal lügt, lügt bekanntlich auch zweimal! Selbst der Angeklagte Z reichte ihr am Ende der Verhandlung nicht mehr die Hand, als sie sich von der Gefängnisbeamtin losriss, zu ihm hinstürzte und ihn um Verzeihung bat, dass sie ihn nie geliebt hätte!

Aha, er hasst sie bereits!

Jetzt ist sie ganz allein.

Ob sie noch immer schreit?

Schrei nicht, ich glaube dir –

Warte nur, ich werde den Fisch fangen.

Aber wie?

Ich muss mit ihm sprechen, und zwar so bald wie möglich! Mit der Morgenpost erhielt ich bereits ein Schreiben von der Aufsichtsbehörde: Ich darf das Gymnasium nicht mehr betreten, solange die Untersuchung gegen mich läuft.

Ich weiß, ich werde es nie mehr betreten, denn man wird mich glatt verurteilen. Und zwar ohne Zubilligung mildernder Umstände.

Aber das geht mich jetzt nichts an!

Denn ich muss einen Fisch fangen, damit ich sie nicht mehr schreien höre.

Meine Hausfrau bringt das Frühstück und benimmt sich scheu. Sie hat meine Zeugenaussage in der Zeitung gelesen und der Wald rauscht. Die Mitarbeiter schreiben: »Der Lehrer als Diebshelfer« – und einer schreibt sogar, ich wäre ein geistiger Mörder.

Keiner nimmt meine Partei.

Gute Zeiten für den Herrn Bäckermeister N, falls ihn heut Nacht nicht der Teufel geholt hat! –

Mittags stehe ich in der Nähe des Gymnasiums, das ich nicht mehr betreten darf, und warte auf Schulschluss.

Endlich verlassen die Schüler das Haus.

Auch einige Kollegen.

Sie können mich nicht sehen.

Und jetzt kommt der T.

Er ist allein und biegt nach rechts ab.

Ich gehe ihm langsam entgegen.

Er erblickt mich und stutzt einen Augenblick.

Dann grüßt er und lächelt.

5 »Gut, dass ich dich treffe«, spreche ich ihn an, »denn ich hätte Verschiedenes mit dir zu besprechen.«

»Bitte«, verbeugt er sich höflich.

»Doch hier auf der Straße ist zu viel Lärm, komm, gehen wir in eine Konditorei, ich lade dich ein auf ein Eis!«

10 »Oh, danke!«

Wir sitzen in der Konditorei.

Der Fisch bestellt sich Erdbeer und Zitrone.

Er löffelt das Eis.

Selbst wenn er frisst, lächelt er, stelle ich fest.

15 Und plötzlich überfalle ich ihn mit dem Satz: »Ich muss mit dir über den Mordprozess sprechen.«

Er löffelt ruhig weiter.

»Schmeckts?«

»Ja.«

20 Wir schweigen.

»Sag mal«, beginne ich wieder, »glaubst du, dass das Mädel den N erschlagen hat?«

»Ja.«

»Du glaubst es also nicht, dass es ein fremder Junge tat?«

25 »Nein. Das hat sie nur erfunden, um sich herauszulügen.«

Wir schweigen wieder.

Plötzlich löffelt er nicht mehr weiter und sieht mich misstrauisch an: »Was wollen Sie eigentlich von mir, Herr Lehrer?«

30 »Ich dachte«, sage ich langsam und blicke in seine runden Augen, »dass du es vielleicht ahnen wirst, wer jener fremde Junge war.«

»Wieso?«

Ich wage es und lüge: »Weil ich es weiß, dass du immer spi-

35 onierst.«

»Ja«, sagt er ruhig, »ich habe Verschiedenes beobachtet.«

Jetzt lächelt er wieder.

Wusste er es, dass ich das Kästchen erbrochen hab?

Und ich frage: »Hast du das Tagebuch gelesen?«

Er fixiert mich: »Nein. Aber ich habe Sie, Herr Lehrer, beob- 5
achtet, wie Sie sich fortgeschlichen haben und dem Z und
dem Mädel zugeschaut haben –«

Es wird mir kalt.

Er beobachtet mich.

»Sie haben mir damals ins Gesicht gelangt, denn ich stand
hinter Ihnen. Sie sind furchtbar erschrocken, aber ich hab 10
keine Angst, Herr Lehrer.«

Er löffelt wieder ruhig sein Eis.

Und es fällt mir plötzlich auf, dass er sich an meiner Ver-
wirrung gar nicht weidet. Er wirft nur manchmal einen
lauernden Blick auf mich, als würde er etwas registrieren. 15

Komisch, ich muss an einen Jäger denken.

An einen Jäger, der kühl zielt und erst dann schießt, wenn
er sicher trifft.

Der keine Lust dabei empfindet.

Aber warum jagt er denn dann? 20

Warum, warum?

»Hast du dich eigentlich mit dem N vertragen?«

»Ja, wir standen sehr gut.«

Wie gerne möchte ich ihn nun fragen: Und warum hast du
ihn denn dann erschlagen? Warum, warum?! 25

»Sie fragen mich, Herr Lehrer«, sagt er plötzlich, »als hätte
ich den N erschlagen. Als wär ich der fremde Junge, wo Sie
doch wissen, dass niemand weiß, wie der aussah, wenn es
ihn überhaupt gegeben hat. Selbst das Mädel weiß ja nur,
dass er Fischaugen gehabt hat –« 30

Und du?, denke ich.

»– und ich hab doch keine Fischaugen, sondern ich hab
helle Rehaugen, meine Mama sagts auch und überhaupt
alle. Warum lächeln Sie, Herr Lehrer? Viel eher wie ich haben Sie Fischaugen –« 35

»Ich?!«

»Wissen Sie denn nicht, Herr Lehrer, was Sie in der Schule für einen Spitznamen haben? Haben Sie ihn nie gehört? Sie heißen der Fisch.«

Er nickt mir lächelnd zu.

5 »Ja, Herr Lehrer, weil Sie nämlich immer so ein unbewegliches Gesicht haben. Man weiß nie, was Sie denken und ob Sie sich überhaupt um einen kümmern. Wir sagen immer, der Herr Lehrer beobachtet nur, da könnt zum Beispiel jemand auf der Straße überfahren worden sein, er würde nur 10 beobachten, wie der Überfahrene daliegt, nur damit ers genau weiß, und er tät nichts dabei empfinden, auch wenn der draufging –«

Er stockt plötzlich, als hätte er sich verplappert, und wirft einen erschrockenen Blick auf mich, aber nur den Bruch-15 teil einer Sekunde lang.

Warum?

Aha, du hast den Haken schon im Maul gehabt, hast es dir aber wieder überlegt.

Du wolltest schon anbeißen, da merktest du die Schnur.

20 Jetzt schwimmst du in dein Meer zurück.

Du hängst noch nicht, aber du hast dich verraten.

Warte nur, ich fange dich!

Er erhebt sich: »Ich muss jetzt heim, das Essen wartet, und wenn ich zu spät komm, krieg ich einen Krach.« Er be-25 dankt sich für das Eis und geht.

Ich sehe ihm nach und höre das Mädchen schreien.

Fahnen

Als ich am nächsten Tage erwache, wusste ich, dass ich viel geträumt hatte. Ich wusste nur nicht mehr, was.

30 Es war ein Feiertag.

Man feierte den Geburtstag des Oberplebejers.

Die Stadt hing voller Fahnen und Transparente.

Geburtstag des Oberplebejers: Horváth bezeichnet Adolf Hitler als »Oberplebejer«.

111

Ödön von Horváth

Durch die Straßen marschierten die Mädchen, die den verschollenen Flieger suchen, die Jungen, die alle Neger sterben lassen, und die Eltern, die die Lügen glauben, die auf den Transparenten stehen. Und die sie nicht glauben, marschieren ebenfalls mit. Divisionen der Charakterlosen unter dem Kommando von Idioten. Im gleichen Schritt und Tritt.

Sie singen von einem Vögelchen, das auf einem Heldengrabe zwitschert, von einem Soldaten, der im Gas erstickt, von den schwarzbraunen Mädchen, die den zu Hause gebliebenen Dreck fressen, und von einem Feinde, den es eigentlich gar nicht gibt.

So preisen die Schwachsinnigen und Lügner den Tag, an dem der Oberplebejer geboren ward.

Und wie ich so denke, konstatiere ich mit einer gewissen Befriedigung, dass auch aus meinem Fenster ein Fähnchen flattert.

Ich hab es bereits gestern Abend hinausgehängt.

Wer mit Verbrechern und Narren zu tun hat, muss verbrecherisch und närrisch handeln, sonst hört er auf. Mit Haut und Haar.

Er muss sein Heim beflaggen, auch wenn er kein Heim mehr hat.

Wenn kein Charakter mehr geduldet wird, sondern nur der Gehorsam, geht die Wahrheit und die Lüge kommt.

Die Lüge, die Mutter aller Sünden.

Fahnen heraus!

Lieber Brot als tot! –

So dachte ich, als es mir plötzlich einfiel: Was denkst du da? Hast du es denn vergessen, dass du vom Lehramt suspendiert bist? Du hast doch keinen Meineid geschworen und hast es gesagt, dass du das Kästchen erbrochen hast. Häng nur deine Fahne hinaus, huldige dem Oberplebejer, krieche im Staub vor dem Dreck und lüge, was du kannst – es bleibt dabei! Du hast dein Brot verloren!

Division: militärischer Großverband, aus mehreren Regimentern zusammengesetzt

im gleichen Schritt und Tritt: Zitat aus dem Gedicht von Ludwig Uhland (1787–1862) *Der gute Kamerad* (1809): »Er ging an meiner Seite / Im gleichen Schritt und Tritt.«

Lieber Brot als tot!: *hier* Anspielung auf die NS-Parole »Lieber tot als rot!«

Vergiss es nicht, dass du mit einem höheren Herrn gesprochen hast!

Du lebst noch im selben Haus, aber in einem höheren
Stock.

₅ Auf einer anderen Ebene, in einer anderen Wohnung.
Merkst du es denn nicht, dass dein Zimmer kleiner geworden ist? Auch die Möbel, der Schrank, der Spiegel – Du
kannst dich noch sehen im Spiegel, er ist immer noch groß
genug – gewiss, gewiss! Du bist auch nur ein Mensch, der
₁₀ möchte, dass seine Krawatte richtig sitzt. Doch sieh mal
zum Fenster hinaus!

Wie entfernt ist alles geworden! Wie winzig sind plötzlich
die großen Gebieter und wie arm die reichen Plebejer! Wie
lächerlich!

₁₅ Wie verwaschen die Fahnen!

Kannst du die Transparente noch lesen?

Nein.

Hörst du noch das Radio?

Kaum.

₂₀ Das Mädchen müsste gar nicht so schreien, damit sie es
übertönt.

Sie schreit auch nicht mehr.

Sie weint nur leise.

Aber sie übertönt alles.

₂₅ **Einer von fünf**

Ich putz mir gerade die Zähne, als meine Hausfrau erscheint.

»Es ist ein Schüler draußen, der Sie sprechen möcht.«

»Einen Moment!«

₃₀ Die Hausfrau geht und ich ziehe meinen Morgenrock an.

Ein Schüler? Was will er?

Ich muss an den T denken.

Den Morgenrock hab ich zu Weihnachten bekommen. Von meinen Eltern. Sie sagten schon immer: »Du kannst doch nicht ohne Morgenrock leben!«

Er ist grün und lila.

Meine Eltern haben keinen Farbensinn. ⁵

Es klopft.

»Herein!«

Der Schüler tritt ein und verbeugt sich.

Ich erkenne ihn nicht sogleich – richtig, das ist der eine B!

Ich hatte fünf B's in der Klasse, aber dieser B fiel mir am ¹⁰ wenigsten auf. Was will er? Wie kommt es, dass er draußen nicht mitmarschiert?

»Herr Lehrer«, beginnt er, »ich hab es mir lange überlegt, ob es vielleicht wichtig ist – ich glaube, ich muss es sagen.«

»Was?« ¹⁵

»Es hat mir keine Ruh gelassen, die Sache mit dem Kompass.«

»Kompass?«

»Ja, ich hab es nämlich in der Zeitung gelesen, dass bei dem toten N ein Kompass gefunden worden ist, von dem ²⁰ niemand weiß, wem er gehört –«

»Na und?«

»Ich weiß, wer den Kompass verloren hat.«

»Wer?«

»Der T.« ²⁵

Der T?!, durchzuckt es mich.

Schwimmst du wieder heran?

Tauchst dein Kopf aus den finsteren Wassern auf – siehst du das Netz?

Er schwimmt, er schwimmt – – ³⁰

»Woher weißt du es, dass der Kompass dem T gehört?«, frage ich den B und befleißige mich, gleichgültig zu scheinen.

befleißigen: bemühen

»Weil er ihn überall gesucht hat, wir schliefen nämlich im selben Zelt.« ³⁵

»Du willst doch nicht sagen, dass der T mit dem Mord irgendwas zu tun hat?«

Er schweigt und blickt in die Ecke.

Ja, er will es sagen.

5 »Du traust das dem T zu?«

Er sieht mich groß an, fast erstaunt.

»Ich traue jedem alles zu«, sagt er.

»Aber doch nicht einen Mord!«

»Warum nicht?«

10 Er lächelt – nein, nicht spöttisch. Eher traurig.

»Aber warum hätte denn der T den N ermorden sollen, warum? Es fehlt doch jedes Motiv!«

»Der T sagte immer, der N sei sehr dumm.«

»Aber das wär doch noch kein Grund!«

15 »Das noch nicht. Aber wissen Sie, Herr Lehrer, der T ist entsetzlich wissbegierig, immer möcht er alles genau wissen, wie es wirklich ist, und er hat mir mal gesagt, er möcht es gern sehen, wie einer stirbt.«

»Was?!«

20 »Ja, er möchte es sehen, wie das vor sich geht – er hat auch immer davon fantasiert, dass er mal zuschauen möcht, wenn ein Kind auf die Welt kommt.«

Ich trete ans Fenster, ich kann momentan nichts reden. Draußen marschieren sie noch immer, die Eltern und die

25 Kinder.

Und es fällt mir plötzlich wieder auf, wieso dieser B hier bei mir ist.

»Warum marschierst du eigentlich nicht mit?«, frage ich ihn. »Das ist doch deine Pflicht!«

30 Er grinst. »Ich habe mich krank gemeldet.«

Unsere Blicke treffen sich. Verstehen wir uns?

»Ich verrate dich nicht«, sage ich.

»Das weiß ich«, sagt er.

Was weißt du?, denke ich.

35 »Ich mag nicht mehr marschieren und das Herumkommandiertwerden kann ich auch nicht mehr ausstehen, da

115

schreit dich ein jeder an, nur weil er zwei Jahre älter ist!
Und dann die faden Ansprachen, immer dasselbe, lauter
Blödsinn!«

Ich muss lächeln.

»Hoffentlich bist du der Einzige in der Klasse, der so 5
denkt!«

»Oh nein! Wir sind schon zu viert!«

Zu viert? Schon?

Und seit wann?

»Erinnern Sie sich, Herr Lehrer, wie Sie damals die Sache 10
über die Neger gesagt haben, noch im Frühjahr vor unserem Zeltlager? Damals haben wir doch alle unterschrieben, dass wir Sie nicht mehr haben wollen – aber ich tats
nur unter Druck, denn Sie haben natürlich sehr recht gehabt mit den Negern. Und dann allmählich fand ich noch 15
drei, die auch so dachten.«

»Wer sind denn die drei?«

»Das darf ich nicht sagen. Das verbieten mir unsere Satzungen.«

»Satzungen?«   20

»Ja, wir haben nämlich einen Klub gegründet. Jetzt sind
noch zwei dazugekommen, aber das sind keine Schüler.
Der eine ist ein Bäckerlehrling und der andere ein Lauf-
bursch.«

»Einen Klub?«   25

»Wir kommen wöchentlich zusammen und lesen alles,
was verboten ist.«

»Aha!«

Wie sagte Julius Caesar?

Sie lesen heimlich alles, aber nur, um es verspotten zu kön- 30
nen.

Ihr Ideal ist der Hohn, es kommen kalte Zeiten.

Und ich frage den B:

»Und dann sitzt ihr beieinander in euerem Klub und spöt-
telt über alles, was?«   35

»Oho! Spötteln ist bei uns streng verboten nach Paragraf drei! Es gibt schon solche, die immer nur alles verhöhnen, zum Beispiel der T, aber wir sind nicht so, wir kommen zusammen und besprechen dann alles, was wir gelesen haben.«

»Und?«

»Und dann reden wir halt, wie es sein sollte auf der Welt.«

Ich horche auf.

Wie es sein sollte?

Ich sehe den B an und es fällt mir der Z ein.

Er sagt zum Präsidenten: »Der Herr Lehrer sagt immer nur, wie es auf der Welt sein sollte, und nie, wie es wirklich ist.«

Und ich sehe den T.

Was sagte Eva in der Verhandlung?

»Der N fiel hin. Der fremde Junge beugte sich über den N und betrachtete ihn. Dann schleifte er ihn in den Graben.«

Und was sagte vorhin der B?

»Der T möchte immer nur wissen, wie es wirklich ist.«

Warum?

Nur um alles verhöhnen zu können?

Ja, es kommen kalte Zeiten. –

»Ihnen, Herr Lehrer«, höre ich wieder die Stimme des B, »kann man ja ruhig alles sagen. Drum komme ich jetzt auch mit meinem Verdacht zu Ihnen, um es mit Ihnen zu beraten, was man tun soll.«

»Warum gerade mit mir?«

»Wir haben es gestern im Klub alle gesagt, als wir Ihre Zeugenaussage mit dem Kästchen in der Zeitung gelesen haben, dass Sie der einzige Erwachsene sind, den wir kennen, der die Wahrheit liebt.«

Ödön von Horváth

Der Klub greift ein

Heute gehe ich mit dem B zum zuständigen Untersuchungsrichter. Gestern war nämlich sein Büro wegen des Staatsfeiertages geschlossen.

Ich erzähle dem Untersuchungsrichter, dass es der B möglicherweise wüsste, wem jener verlorene Kompass gehört – doch er unterbricht mich höflich, die Sache mit dem Kompass hätte sich bereits geklärt. Es wäre einwandfrei festgestellt worden, dass der Kompass dem Bürgermeister des Dorfes, in dessen Nähe wir unser Zeltlager hatten, gestohlen worden war. Wahrscheinlich hätte ihn das Mädchen verloren, und wenn nicht sie, dann eben einer von ihrer Bande, vielleicht auch schon bei einer früheren Gelegenheit, als er mal an dem damals noch zukünftigen Tatort zufällig vorbeigegangen wäre, denn der Tatort wäre ja in der Nähe der Räuberhöhle gelegen. Der Kompass spiele keine Rolle mehr.

Wir verabschieden uns also wieder und der B schneidet ein enttäuschtes Gesicht.

Er spielt keine Rolle mehr?, denke ich. Hm, ohne diesen Kompass wäre doch dieser B niemals zu mir gekommen.

Es fällt mir auf, dass ich anders denke als früher.

Ich erwarte überall Zusammenhänge.

Alles spielt eine Rolle.

Ich fühle ein unbegreifliches Gesetz. –

Auf der Treppe begegnen wir dem Verteidiger.

Er begrüßt mich lebhaft.

»Ich wollte Ihnen bereits schriftlich danken«, sagt er, »denn nur durch Ihre schonungslose und unerschrockene Aussage wurde es mir möglich gemacht, diese Tragödie zu klären!«

Er erwähnt noch kurz, dass der Z von seiner Verliebtheit bereits radikal kuriert sei und dass das Mädchen hysterische Krämpfe bekommen hätte und nun im Gefängnisspital liege. »Armer Wurm!«, fügt er noch rasch hinzu und eilt davon, um neue Tragödien zu klären.

Spital: Krankenhaus

Ich sehe ihm nach.

»Das Mädel tut mir leid«, höre ich plötzlich die Stimme des
5 B.

»Mir auch.«

Wir steigen die Treppen hinab.

»Man müsste ihr helfen«, sagt der B.

»Ja«, sage ich und denke an ihre Augen.

10 Und an die stillen Seen in den Wäldern meiner Heimat. Sie liegt im Spital.

Und auch jetzt ziehen die Wolken über sie hin, die Wolken mit den silbernen Rändern.

Nickte sie mir nicht zu, bevor sie die Wahrheit sprach?

15 Und was sagte der T? Sie ist die Mörderin, sie will sich nur herauslügen –

Ich hasse den T.

Plötzlich halte ich.

»Ist es wahr«, frage ich den B, »dass ich bei euch den Spitz-
20 namen hab: der Fisch?«

»Aber nein! Das sagt nur der T – Sie haben einen ganz anderen!«

»Welchen?«

»Sie heißen: der Neger.«

25 Er lacht und ich lach mit.

Wir steigen weiter hinab.

Auf einmal wird er wieder ernst.

»Herr Lehrer«, sagt er, »glauben Sie nicht auch, dass es der T war, auch wenn ihm der verlorene Kompass nicht ge-
30 hört?«

Ich halte wieder.

Was soll ich sagen?

Soll ich sagen: möglich, vielleicht, unter Umständen –?

Und ich sage:

35 »Ja. Ich glaube auch, dass er es war.«

Die Augen des B leuchten.

Ödön von Horváth

»Er war es auch«, ruft er begeistert, »und wir werden ihn fangen!«

»Hoffentlich!«

»Ich werde im Klub einen Beschluss durchdrücken, dass der Klub dem Mädel helfen soll! Nach Paragraf sieben sind ⁵ wir ja nicht nur dazu da, um Bücher zu lesen, sondern auch, um danach zu leben.«

Und ich frage ihn: »Was ist denn euer Leitsatz?«

Für Wahrheit und Gerechtigkeit!: Leitsatz der *Liga für Menschenrechte,* der Horváth angehörte

»Für Wahrheit und Gerechtigkeit!«

Er ist ganz außer sich vor Tatendrang. ¹⁰

Der Klub wird den T beobachten, auf Schritt und Tritt, Tag und Nacht, und wird mir jeden Tag Bericht erstatten.

»Schön«, sage ich und muss lächeln.

Auch in meiner Kindheit spielten wir Indianer.

Aber jetzt ist der Urwald anders. ¹⁵

Jetzt ist er wirklich da.

Zwei Briefe

Am nächsten Morgen bekomme ich einen entsetzten Brief von meinen Eltern. Sie sind ganz außer sich, dass ich meinen Beruf verlor. Ob ich denn nicht an sie gedacht hätte, ²⁰ als ich ganz überflüssig die Sache mit dem Kästchen erzählte, und warum ich sie denn überhaupt erzählt hätte?!

Ja, ich habe an euch gedacht. Auch an euch.

Beruhigt euch nur, wir werden schon nicht verhungern!

»Wir haben die ganze Nacht nicht geschlafen«, schreibt ²⁵ meine Mutter, »und haben über Dich nachgedacht.«

So?

»Mit was haben wir das verdient?«, fragt mein Vater. Er ist ein pensionierter Werkmeister und ich muss jetzt an Gott denken. ³⁰

Ich glaube, er wohnt noch immer nicht bei ihnen, obwohl sie jeden Sonntag in die Kirche gehen.

Ich setze mich und schreibe meinen Eltern.

»Liebe Eltern! Macht Euch keine Sorgen, Gott wird schon helfen« –

Ich stocke. Warum?

5 Sie wussten es, dass ich nicht an ihn glaubte, und jetzt werden sie denken: Schau, jetzt schreibt er von Gott, weil es ihm schlecht geht!

Aber das soll niemand denken!

Nein, ich schäme mich –

10 Ich zerreiße den Brief.

Ja, ich bin noch stolz!

Und den ganzen Tag über will ich meinen Eltern schreiben.

Aber ich tu es nicht.

Immer wieder fange ich an, aber ich bringe es nicht über

15 das Herz, das Wort Gott niederzuschreiben.

Der Abend kommt und ich bekomme plötzlich wieder Angst vor meiner Wohnung.

Sie ist so leer.

Ich gehe fort.

20 Ins Kino?

Nein.

Ich gehe in die Bar, die nicht teuer ist.

Dort treffe ich Julius Caesar, es ist sein Stammlokal.

Er freut sich ehrlich, mich zu sehen.

25 »Es war anständig von Ihnen, das mit dem Kästchen zu sagen, hochanständig! Ich hätts nicht gesagt! Respekt, Respekt!«

Wir trinken und sprechen über den Prozess.

Ich erzähle vom Fisch –

30 Er hört mir aufmerksam zu.

»Natürlich ist der Fisch derjenige«, meint er. Und dann lächelt er: »Wenn ich Ihnen behilflich sein kann, ihn zu fangen, stehe ich Ihnen gerne zur Verfügung, denn auch ich habe meine Verbindungen –«

35 Ja, die hat er allerdings.

Ödön von Horváth

Immer wieder wird unser Gespräch gestört. Ich sehe, dass Julius Caesar ehrfürchtig gegrüßt wird, viele kommen zu ihm und holen sich Rat, denn er ist ein wissender und weiser Mann.

Es ist alles Unkraut.   5

Ave Caesar, morituri te salutant!

Und in mir erwacht plötzlich die Sehnsucht nach der Verkommenheit. Wie gerne möchte ich auch einen Totenkopf als Krawattennadel haben, den man illuminieren kann!

»Passen Sie auf Ihren Brief auf!«, ruft mir Caesar zu. »Er 10 fällt Ihnen aus der Tasche!«

Ach so, der Brief!

Caesar erklärt gerade einem Fräulein die neuen Paragrafen des Gesetzes für öffentliche Sittlichkeit.

Ich denke an Eva.   15

Wie wird sie aussehen, wenn sie so alt sein wird wie dieses Fräulein?

Wer kann ihr helfen?

Ich setze mich an einen anderen Tisch und schreibe meinen Eltern.   20

»Macht Euch keine Sorgen, Gott wird schon helfen!« Und ich zerreiße den Brief nicht wieder.

Oder schrieb ich ihn nur, weil ich getrunken habe?

Egal!

Herbst   25

Am nächsten Tag überreicht mir meine Hausfrau ein Kuvert, ein Laufbursche hätte es abgegeben.

Es ist ein blaues Kuvert, ich erbreche es und muss lächeln.

Die Überschrift lautet:

»Erster Bericht des Klubs«.   30

Und dann steht da:

»Nichts Besonderes vermerkt.«

Jaja, der brave Klub! Er kämpft für Wahrheit und Gerechtigkeit, kann aber nichts Besonderes vermerken!

Auch ich vermerke nichts.

Was soll man nur tun, damit sie nicht verurteilt wird?

5 Immer denke ich an sie – Liebe ich denn das Mädel?

Ich weiß es nicht.

Ich weiß nur, dass ich ihr helfen möchte –

Ich hatte viele Weiber, denn ich bin kein Heiliger und die Weiber sind auch keine Heiligen.

10 Aber nun liebe ich anders.

Bin ich denn nicht mehr jung?

Ist es das Alter?

Unsinn! Es ist doch noch Sommer.

Und ich bekomme jeden Tag ein blaues Kuvert: zweiter, 15 dritter, vierter Bericht des Klubs.

Es wird nichts Besonderes vermerkt.

Und die Tage vergehen –

Die Äpfel sind schon reif und nachts kommen die Nebel.

Das Vieh kehrt heim, das Feld ist kahl –

20 Ja, es ist noch Sommer, aber man wartet schon auf den Schnee.

Ich möchte ihr helfen, damit sie nicht friert.

Ich möchte ihr einen Mantel kaufen, Schuhe und Wäsche.

Sie braucht es nicht vor mir auszuziehen –

25 Ich möchte nur wissen, ob der Schnee kommen kann.

Noch ist alles grün.

Aber sie muss nicht bei mir sein.

Wenns ihr nur gut geht.

Besuch

30 Heute Vormittag bekam ich Besuch. Ich habe ihn nicht sogleich wiedererkannt, es war der Pfarrer, mit dem ich mich mal über die Ideale der Menschheit unterhalten hatte.

Er trat ein und trug Zivil, dunkelgraue Hosen und einen blauen Rock. Ich stutzte. Ist er weggelaufen?

»Sie wundern sich«, lächelt er, »dass ich Zivil trage, aber das trage ich meistens, denn ich stehe zu einer besonderen Verfügung – kurz und gut: Meine Strafzeit ist vorbei, doch reden wir mal von Ihnen! Ich habe Ihre tapfere Aussage in den Zeitungen gelesen und wäre schon früher erschienen, aber ich musste mir erst Ihre Adresse beschaffen. Übrigens: Sie haben sich stark verändert, ich weiß nicht wieso, aber irgendwas ist anders geworden an Ihnen. Richtig, Sie sehen viel heiterer aus!«

»Heiterer?«

»Ja. Sie dürfen auch froh sein, dass Sie das mit dem Kästchen gesagt haben, auch wenn Sie jetzt die halbe Welt verleumdet. Ich habe oft an Sie gedacht, obwohl oder weil Sie mir damals sagten, Sie glaubten nicht an Gott. Inzwischen werden Sie ja wohl angefangen haben, etwas anders über Gott zu denken –«

Was will er?, denke ich und betrachte ihn misstrauisch.

»Ich hätte Ihnen etwas Wichtiges mitzuteilen, aber zunächst beantworten Sie mir, bitte, zwei Fragen. Also erstens: Sie sind sich wohl im Klaren darüber, dass Sie, selbst wenn die Staatsanwaltschaft das Verfahren gegen Sie niederschlagen sollte, nie wieder an irgendeiner Schule dieses Landes unterrichten werden?«

»Ja, darüber war ich mir schon im Klaren, bevor ich die Aussage machte.«

»Das freut mich! Und nun zweitens: Wovon wollen Sie jetzt leben? Ich nehme an, dass Sie keine Sägewerksaktien besitzen, da Sie sich ja damals so heftig für die Heimarbeiter einsetzten, für die Kinder in den Fenstern – erinnern Sie sich?«

Ach, die Kinder in den Fenstern! Die hatte ich ja ganz vergessen!

Und das Sägewerk, das nicht mehr sägt –

Wie weit liegt das alles zurück!

Wie in einem anderen Leben – –

Und ich sage: »Ich habe nichts. Und ich muss auch meine Eltern unterstützen.«

Er sieht mich groß an und sagt dann nach einer kleinen
5 Pause: »Ich hätte eine Stellung für Sie.«

»Was?! Eine Stellung?!«

»Ja, aber in einem anderen Land.«

»Wo?«

»In Afrika.«

10 »Bei den Negern?« Es fällt mir ein, dass ich »der Neger« heiße, und ich muss lachen.

Er bleibt ernst.

»Warum finden Sie das so komisch? Neger sind auch nur Menschen!«

15 Wem erzählen Sie das?, möchte ich ihn fragen, aber ich sage nichts dergleichen, sondern höre es mir an, was er mir vorschlägt: Ich könnte Lehrer werden, und zwar in einer Missionsschule.

»Ich soll in einen Orden eintreten?«

20 »Das ist nicht notwendig.«

Ich überlege. Heute glaube ich an Gott, aber ich glaube nicht daran, dass die Weißen die Neger beglücken, denn sie bringen ihnen Gott als schmutziges Geschäft.

Und ich sage es ihm.

25 Er bleibt ganz ruhig.

»Das hängt lediglich von Ihnen ab, ob Sie Ihre Sendung missbrauchen, um schmutzige Geschäfte machen zu können.«

Ich horche auf.

30 Sendung?

»Jeder Mensch hat eine Sendung«, sagt er.

Richtig!

Ich muss einen Fisch fangen.

Und ich sage dem Pfarrer, ich werde nach Afrika fahren,
35 aber nur dann, wenn ich das Mädchen befreit haben werde.

Sendung: Auftrag, Mission

Ödön von Horváth

Er hört mir aufmerksam zu.

Dann sagt er:

»Wenn Sie glauben zu wissen, dass der fremde Junge es tat,
dann müssen Sie es seiner Mutter sagen. Die Mutter muss
alles hören. Gehen Sie gleich zu ihr hin« –   5

Die Endstation

Ich fahre zur Mutter des T.

Der Pedell im Gymnasium gab mir die Adresse. Er verhielt
sich sehr reserviert, denn ich hätte ja das Haus nicht betre-
ten dürfen.   10

Ich werde es nie mehr betreten, ich fahre nach Afrika.

Jetzt sitze ich in der Straßenbahn.

Ich muss bis zur Endstation.

Die schönen Häuser hören allmählich auf und dann kommen die hässlichen. Wir fahren durch arme Straßen und   15
erreichen das vornehme Villenviertel.

»Endstation!«, ruft der Schaffner. »Alles aussteigen!«

Ich bin der einzige Fahrgast.

Die Luft ist hier bedeutend besser als dort, wo ich wohne.

Wo ist Nummer dreiundzwanzig?   20

Die Gärten sind gepflegt. Hier gibts keine Gartenzwerge.

Kein ruhendes Reh und keinen Pilz.

Endlich hab ich dreiundzwanzig.

Das Tor ist hoch und das Haus ist nicht zu sehen, denn der
Park ist groß.   25

Ich läute und warte.

Der Pförtner erscheint, ein alter Mann. Er öffnet das Gitter
nicht.

»Sie wünschen?«

»Ich möchte Frau T sprechen.«   30

»In welcher Angelegenheit?«

»Ich bin der Lehrer ihres Sohnes.«

Pedell: Haus-
meister an Schu-
len, Universitäten
und Gerichten

126

»Sofort!«

Er öffnet das Gitter.

Wir gehen durch den Park.

Hinter einer schwarzen Tanne erblicke ich das Haus.

5 Fast ein Palast.

Ein Diener erwartet uns bereits und der Pförtner übergibt mich dem Diener: »Der Herr möchte die gnädige Frau sprechen, er ist der Lehrer des jungen Herrn.« Der Diener verbeugt sich leicht.

10 »Das dürfte leider seine Schwierigkeiten haben«, meint er höflich, »denn gnädige Frau haben soeben Besuch.«

»Ich muss sie aber dringend sprechen in einer sehr wichtigen Angelegenheit!«

»Könnten Sie sich nicht für morgen anmelden?«

15 »Nein. Es dreht sich um ihren Sohn.«

Er lächelt und macht eine winzige, wegwerfende Geste.

»Auch für ihren Sohn haben gnädige Frau häufig keine Zeit. Auch der junge Herr muss sich meist anmelden lassen.«

20 »Hören Sie«, sage ich und schaue ihn böse an, »melden Sie mich sofort oder Sie tragen die Verantwortung!«

Er starrt mich einen Augenblick entgeistert an, dann verbeugt er sich wieder leicht: »Gut, versuchen wir es mal. Darf ich bitten! Verzeihung, dass ich vorausgehe!«

25 Ich betrete das Haus.

Wir gehen durch einen herrlichen Raum und dann eine Treppe empor in den ersten Stock.

Eine Dame kommt die Treppen herab, der Diener grüßt und sie lächelt ihn an. Und auch mich.

30 Die kenne ich doch? Wer ist denn das?

Wir steigen weiter empor.

»Das war die Filmschauspielerin X«, flüstert mir der Diener zu.

Ach ja, richtig!

35 Die hab ich erst unlängst gesehen. Als Fabrikarbeiterin, die den Fabrikdirektor heiratet.

Ödön von Horváth

Sie ist die Freundin des Oberplebejers.

Dichtung und Wahrheit!

»Sie ist eine göttliche Künstlerin«, stellt der Diener fest und nun erreichen wir den ersten Stock.

Eine Tür ist offen und ich höre Frauen lachen. Sie müssen 5
im dritten Zimmer sitzen, denke ich. Sie trinken Tee.

Der Diener führt mich links in einen kleinen Salon und bittet, Platz zu nehmen, er würde alles versuchen, bei der ersten passenden Gelegenheit.

Dann schließt er die Türe, ich bleibe allein und warte. Es ist 10
noch früh am Nachmittag, aber die Tage werden kürzer.

An den Wänden hängen alte Stiche. Jupiter und Jo. Amor und Psyche. Marie Antoinette.

Es ist ein rosa Salon mit viel Gold.

Ich sitze auf einem Stuhl und sehe die Stühle um den Tisch 15
herum stehen. Wie alt seid ihr? Bald zweihundert Jahre –
Wer saß schon alles auf euch?

Leute, die sagten: Morgen sind wir bei Marie Antoinette zum Tee.

Leute, die sagten: Morgen gehen wir zur Hinrichtung der 20
Marie Antoinette.

Wo ist jetzt Eva?

Hoffentlich noch im Spital, dort hat sie wenigstens ein Bett.

Hoffentlich ist sie noch krank. 25

Ich trete ans Fenster und schaue hinaus.

Die schwarze Tanne wird immer schwärzer, denn es dämmert bereits.

Ich warte.

Endlich öffnet sich langsam die Türe. 30

Ich drehe mich um, denn nun kommt die Mutter des T.

Wie sieht sie aus?

Ich bin überrascht.

Es steht nicht die Mutter vor mir, sondern der T.

Er selbst. 35

Er grüßt höflich und sagt:

Dichtung und Wahrheit: Untertitel der Autobiografie von Johann Wolfgang von Goethe (1749–1832)

Jupiter und Jo, Amor und Psyche: Darstellungen mythologischer Figuren erotischen Inhalts

Marie Antoinette (1754–1793): franz. Königin, während der Französischen Revolution hingerichtet

»Meine Mutter ließ mich rufen, als sie hörte, dass Sie da sind, Herr Lehrer. Sie hat leider keine Zeit.«

»So? Und wann hat sie denn Zeit?«

Er zuckt müde die Achsel: »Das weiß ich nicht. Sie hat ei-
5 gentlich nie Zeit.«

Ich betrachte den Fisch.

Seine Mutter hat keine Zeit. Was hat sie denn zu tun? Sie denkt nur an sich.

Und ich muss an den Pfarrer denken und an die Ideale der
10 Menschheit.

Ist es wahr, dass die Reichen immer siegen?

Wird der Wein nicht zu Wasser?

Und ich sage zum T: »Wenn deine Mutter immer zu tun hat, dann kann ich vielleicht mal deinen Vater sprechen?«

15 »Vater? Aber der ist doch nie zu Haus! Er ist immer unterwegs, ich seh ihn kaum. Er leitet ja einen Konzern.«

Einen Konzern?

Ich sehe ein Sägewerk, das nicht mehr sägt.

Die Kinder sitzen in den Fenstern und bemalen die Pup-
20 pen.

Sie sparen das Licht, denn sie haben kein Licht.

Und Gott geht durch alle Gassen.

Er sieht die Kinder und das Sägewerk.

Und er kommt.

25 Er steht draußen vor dem hohen Tore.

Der alte Pförtner lässt ihn nicht ein.

»Sie wünschen?«

»Ich möchte die Eltern T sprechen.«

»In welcher Angelegenheit?«

30 »Sie wissen es schon.«

Ja, sie wissen es schon, aber sie erwarten ihn nicht. –

»Was wollen Sie eigentlich von meinen Eltern?«, höre ich plötzlich die Stimme des T.

Ich blicke ihn an.

35 Jetzt wird er lächeln, denke ich.

Aber er lächelt nicht mehr. Er schaut nur.

> Wird der Wein nicht zu Wasser?: Im Johannesevangelium verwandelt Jesus Wasser in Wein (Johannes 2,1–11).

Ödön von Horváth

Ahnt er, dass er gefangen wird?
Seine Augen haben plötzlich Glanz.
Die Schimmer des Entsetzens.
Und ich sage: »Ich wollte mit deinen Eltern über dich sprechen, aber leider haben sie keine Zeit.« 5
»Über mich?«
Er grinst.
Ganz leer.
Da steht der Wissbegierige wie ein Idiot.
Jetzt scheint er zu lauschen. 10
Was fliegt um ihn?
Was hört er?
Die Flügel der Verblödung? Ich eile davon.

Der Köder

Zu Hause liegt wieder ein blaues Kuvert. Aha, der Klub! 15
Sie werden wieder nichts vermerkt haben – Ich öffne und
lese:
»Achter Bericht des Klubs. Gestern Nachmittag war der T
im Kristall-Kino. Als er das Kino verließ, sprach er mit einer
eleganten Dame, die er drinnen getroffen haben muss- 20
te. Er ging dann mit der Dame in die Y-Straße Nummer 67.
Nach einer halben Stunde erschien er mit ihr wieder im
Haustor und verabschiedete sich von ihr. Er ging nach
Hause. Die Dame sah ihm nach, schnitt eine Grimasse und
spuckte ostentativ aus. Es ist möglich, dass es keine Dame 25
war. Sie war groß und blond, hatte einen dunkelgrünen
Mantel und einen roten Hut. Sonst wurde nichts vermerkt.«
Ich muss grinsen.
Ach, der T wird galant – aber das interessiert mich nicht. 30
Warum schnitt sie eine Grimasse?

ostentativ:
demonstrativ,
herausfordernd

Natürlich war sie keine Dame, doch warum spuckte sie ostentativ aus?

Ich geh mal hin und frage sie.

Denn ich will jetzt jede Spur verfolgen, jede winzigste, un-
5 sinnigste –

Wenn er nicht anbeißt, wird man ihn wohl mit einem Netz fangen müssen, mit einem Netz aus feinsten Maschen, durch die er nicht schlüpfen kann.

Ich gehe in die Y-Straße 67 und frage die Hausmeisterin
10 nach einer blonden Dame –

Sie unterbricht mich sofort: »Das Fräulein Nelly wohnt Tür siebzehn.«

In dem Hause wohnen kleine Leute, brave Bürger. Und ein Fräulein Nelly.

15 Ich läute an Tür siebzehn.

Eine Blondine öffnet und sagt: »Servus! Komm nur herein!«

Ich kenne sie nicht.

Im Vorzimmer hängt der dunkelgrüne Mantel, auf dem
20 Tischchen liegt der rote Hut. Sie ist es.

Jetzt wird sie böse werden, dass ich nur wegen einer Auskunft komme. Ich verspreche ihr also ein Honorar, wenn sie mir antwortet. Sie wird nicht böse, sondern misstrauisch. Nein, ich bin kein Polizist, versuche ich zu beruhigen,
25 ich möchte ja nur wissen, warum sie gestern hinter dem Jungen ausgespuckt hat?

»Zuerst das Geld«, antwortet sie.

Ich gebe es ihr.

Sie macht sichs auf dem Sofa bequem und bietet mir eine
30 Zigarette an.

Wir rauchen.

»Ich rede nicht gern darüber«, sagt sie.

Sie schweigt noch immer.

Plötzlich legt sie los: »Warum ich ausgespuckt hab, ist bald
35 erklärt: Es war eben einfach ekelhaft! Widerlich!«

Sie schüttelt sich.

»Wieso?«

»Stellen Sie sich vor, er hat dabei gelacht!«

»Gelacht?«

»Es ist mir ganz kalt heruntergelaufen und dann bin ich so wild geworden, dass ich ihm eine Ohrfeige gegeben hab! Da ist er gleich vor den Spiegel gerannt und hat gesagt: Es ist nicht rot! Immer hat er nur beobachtet, beobachtet! Wenns nach mir ging, würd ich ja diesen Kerl nie mehr anrühren, aber leider werde ich nochmals das Vergnügen haben müssen –«

»Noch mal? Wer zwingt Sie denn dazu?«

»Zwingen lass ich mich nie, nicht die Nelly! Aber ich erweise damit jemand einen freiwilligen Gefallen, wenn ich mich mit dem Ekel noch einmal einlass – ich muss sogar so tun, als wär ich in ihn verliebt!«

»Sie erweisen damit jemandem einen Gefallen?«

»Ja, weil ich eben diesem Jemand auch sehr zu Dank verpflichtet bin.«

»Wer ist das?«

»Nein, das darf ich nicht sagen! Das sagt die Nelly nicht! Ein fremder Herr.«

»Aber was will denn dieser fremde Herr?«

Sie sieht mich groß an und sagt dann langsam:

»Er will einen Fisch fangen.«

Ich schnelle empor und schreie: »Was?! Einen Fisch?!«

Sie erschrickt sehr.

»Was ist Ihnen?«, fragt sie und drückt rasch ihre Zigarette aus. »Nein-nein, jetzt spricht die Nelly kein Wort mehr! Mir scheint, Sie sind ein Verrückter! Gehen wir, gehen wir! Pa, adieu!«

Ich gehe und torkle fast, ganz wirr im Kopf.

Wer fängt den Fisch?

Was ist los?

Wer ist dieser fremde Herr?

Im Netz

Als ich nach Hause komme, empfängt mich meine Haus-
frau besorgt. »Es ist ein fremder Herr hier«, sagt sie, »er
wartet auf Sie schon seit einer halben Stunde und ich hab
5 Angst, etwas an ihm stimmt nämlich nicht.
Er sitzt im Salon.«
Ein fremder Herr?
Ich betrete den Salon.
Es ist Abend geworden und er sitzt im Dunklen.
10 Ich mache Licht.
Ach, Julius Caesar!
»Endlich!«, sagt er und illuminiert seinen Totenkopf.
»Jetzt spitzen Sie aber Ihre Ohren, Kollega!«
»Was gibts denn?«
15 »Ich habe den Fisch.«
»Was?!«
»Ja. Er schwimmt schon um den Köder herum, immer nä-
her – heut Nacht beißt er an! Kommen Sie, wir müssen
rasch hin, der Apparat ist schon dort, höchste Zeit!«
20 »Was für ein Apparat?«
»Werd Ihnen alles erklären!«
Wir gehen rasch fort.
»Wohin?«
»In die Lilie!«
25 »In wohin?«
»Wie sag ichs meinem Kinde? Die Lilie ist ein ordinäres
Animierlokal!«
Er geht sehr rasch und es beginnt zu regnen.
»Regen ist gut«, sagt er, »bei Regen beißen sie eher an.«
30 Er lacht.
»Hören Sie«, schreie ich ihn an, »was haben Sie vor!«
»Ich erzähl alles, sowie wir sitzen! Kommen Sie, wir wer-
den nass!«
»Aber wie kommen Sie dazu, den Fisch zu fangen und mir
35 nichts zu sagen?!«

»Ich wollte Sie überraschen, lassen Sie mir die Freud!«
Plötzlich bleibt er stehen, obwohl es jetzt stark regnet und
er große Eile hat.

Er sieht mich sonderbar an und sagt dann langsam:

»Sie fragen«, und mir ists, als betonte er jedes Wort, »Sie 5
fragen mich, warum ich den Fisch fange? Sie haben mir
doch davon erzählt, vor ein paar Tagen – erinnern Sie sich?
Sie haben sich dann an einen anderen Tisch gesetzt und es
fiel mir plötzlich auf, wie traurig Sie sind wegen dem Mädel, und da war es mir so, dass ich Ihnen helfen muss. Erin- 10
nern Sie sich, wie Sie dort an dem Tisch gesessen sind – ich
glaube, Sie schrieben einen Brief.«

Einen Brief?!

Ja, richtig! Den Brief an meine Eltern!

Als ich es endlich über mich brachte: »Gott wird schon hel- 15
fen« –

Ich wanke.

»Was ist Ihnen? Sie sind ja ganz blass?«, höre ich Caesars
Stimme.

»Nichts, nichts!«   20

»Höchste Zeit, dass Sie einen Schnaps bekommen!«

Vielleicht!

Es regnet und das Wasser wird immer mehr.

Mich schaudert.

Einen winzigen Augenblick lang sah ich das Netz.   25

Der N

Die Lilie ist kaum zu finden, so finster ist die ganze Umgebung.

Drinnen ist es nicht viel heller.

Aber wärmer und es regnet wenigstens nicht hinein.   30

»Die Damen sind schon da«, empfängt uns die Besitzerin
und deutet auf die dritte Loge.

»Bravo!«, sagt Caesar und wendet sich zu mir: »Die Damen
sind nämlich meine Köder. Die Regenwürmer, gewissermaßen.«

In der dritten Loge sitzt das Fräulein Nelly mit einer dicken
5 Kellnerin.

Nelly erkennt mich sogleich, schweigt jedoch aus Gewohn-
heit.

Sie lächelt nur sauer.

Caesar hält perplex.

10 »Wo ist der Fisch?«, fragt er hastig.

»Er ist nicht erschienen«, sagt die Dicke. Es klingt so traurig monoton.

»Er hat mich sitzen lassen«, meint Nelly und lächelt süß.

»Zwei Stunden hat sie vor dem Kino gewartet«, nickt die
15 Dicke resigniert.

»Zweieinhalb«, korrigiert Nelly und lächelt plötzlich nicht
mehr. »Ich bin froh, dass das Ekel nicht gekommen ist.«

»Na sowas«, meint Caesar und stellt mich den Damen vor:
»Ein ehemaliger Kollege.«

20 Die Dicke mustert mich und das Fräulein Nelly blickt in die
Luft. Sie richtet ihren Büstenhalter.

Wir setzen uns.

Der Schnaps brennt und wärmt.

Wir sind die einzigen Gäste.

25 Die Besitzerin setzt sich die Brille auf und liest die Zeitung.
Sie beugte sich über die Bar und es sieht aus, als würde sie
sich die Ohren zuhalten.

Sie weiß von nichts und möchte auch von nichts wissen.

Wieso sind die beiden Damen Regenwürmer?

30 »Was geht hier eigentlich vor sich?«, frage ich Caesar.

Er beugt sich ganz nahe zu mir: »Ich wollte Sie ursprünglich eigentlich vorher gar nicht einweihen, verehrter Kollega, denn es ist und bleibt eine ordinäre Geschichte und Sie
sollten nichts damit zu tun haben, aber dann dachte ich, es
35 könnt vielleicht doch nichts schaden, wenn wir noch einen

perplex:
überrascht,
starr vor
Verblüffung

135

Zeugen hätten. Wir drei, die beiden Damen und ich, wollten nämlich die Tat rekonstruieren.«

»Rekonstruieren?!«

»Gewissermaßen.«

»Aber wieso denn?!«

»Wir wollten, dass der Fisch den Mord wiederholt.«

»Wiederholt?!«

»Ja. Und zwar nach einem altbewährten, genialen Plan. Ich wollte nämlich die ganze Affäre in einem Bett rekonstruieren.«

»In einem Bett?!«

»Passen Sie auf, Kollega«, nickt er mir zu und illuminiert seinen Totenkopf, »das Fräulein Nelly sollte den Fisch vor dem Kino erwarten, denn er meint nämlich, dass sie ihn liebt.«

Er lacht.

Aber das Fräulein Nelly lacht nicht mit. Sie schneidet nur eine Grimasse und spuckt aus.

»Spuck hier nicht herum!«, grinst die Dicke.

»Das freie Ausspucken ist behördlich verboten!«

»Die Behörde darf mich«, beginnt Nelly.

»Also nur keine Politik!«, fällt ihr Caesar ins Wort und wendet sich wieder mir zu: »Hier in dieser Loge sollte unser lieber Fisch besoffen gemacht werden, bis er nicht mehr hätt schwimmen können, sodass man ihn sogar mit der Hand hätt fangen können – dann wären die beiden Damen mit ihm dort hinten durch die Tapetentür aufs Zimmer gegangen. Und hierauf hätte sich folgerichtig und logischerweise Folgendes entwickelt:

Der Fisch wäre eingeschlafen.

Die Nelly hätte sich auf den Boden gelegt und dies rundliche Kind hätte sie mit einem Leintuch zugedeckt, ganz und gar, als wär sie eine Leiche.

Dann hätt sich meine liebe Rundliche auf den schlafenden Fisch gestürzt und hätt gellend geschrien: ›Was hast du getan?! Menschenskind, was hast du getan?!‹

Und ich wär ins Zimmer getreten und hätt gesagt: ›Polizei!‹,
und hätts ihm auf den Kopf zugesagt, dass er in seinem
Rausch die Nelly erschlagen hat, genauso wie seinerzeit den
anderen – wir hätten eine große Szene aufgeführt und ich
5 hätt ihm auch ein paar Ohrfeigen gegeben – ich wette, Kollega, er hätt sich verraten! Und wenns auch nur ein Wörtchen
gewesen wär, ich hätt ihn aufs Land gezogen, ich schon!«
Ich muss lächeln.
Er sieht mich an, fast unwillig.
10 »Sie haben recht«, sagt er, »der Mensch denkt und Gott
lenkt – wenn wir uns ärgern, dass einer nicht anbeißt,
dann zappelt er vielleicht schon im Netz.«
Es durchzuckt mich.
Im Netz?!
15 »Lächeln Sie nur«, höre ich Caesar, »Sie reden ja immer
nur von dem unschuldigen Mädel, aber ich denk auch an
den toten Jungen!«
Ich horche auf.
An den toten Jungen?
20 Ach so, der N – den hab ich ja ganz vergessen. –
Ich dachte an alle, alle – sogar an seine Eltern denke ich
manchmal, wenn auch nicht gerade liebevoll – aber nie an
ihn, nie, er fiel mir gar nicht mehr ein.
Ja, dieser N!
25 Der erschlagen worden war. Mit einem Stein.
Den es nicht mehr gibt.

Der Mensch
denkt, aber Gott
lenkt: nach den
alttestamentarischen Sprüchen
Salomos (16,9)

Das Gespenst

Ich verlasse die Lilie.
Ich gehe rasch heim und die Gedanken an den N, den es
30 nicht mehr gibt, lassen mich nicht los.
Sie begleiten mich in mein Zimmer, in mein Bett.
Ich muss schlafen! Ich will schlafen!

Aber ich schlafe nicht ein –
Immer wieder höre ich den N: »Sie haben es ja ganz vergessen, Herr Lehrer, dass Sie mitschuldig sind an meiner Ermordung. Wer hat denn das Kästchen erbrochen – ich oder Sie? Hatte ich Sie denn damals nicht gebeten: Helfen 5
Sie mir, Herr Lehrer, ich habs nämlich nicht getan – aber Sie wollten einen Strich durch eine Rechnung ziehen, einen dicken Strich – ich weiß, ich weiß, es ist vorbei!«
Ja, es ist vorbei.
Die Stunden gehen, die Wunden stehen. 10
Immer rascher werden die Minuten –
Sie laufen an mir vorbei.
Bald schlägt die Uhr.
»Herr Lehrer«, höre ich wieder den N, »erinnern Sie sich an eine Geschichtsstunde im vorigen Winter. Wir waren im 15
Mittelalter und da erzählten Sie, dass der Henker, bevor er zur Hinrichtung schritt, den Verbrecher immer um Verzeihung bat, dass er ihm nun ein großes Leid antun müsse, denn eine Schuld kann nur durch Schuld getilgt werden.«
Nur durch Schuld? 20
Und ich denke: Bin ich ein Henker?
Muss ich den T um Verzeihung bitten?
Und ich werd die Gedanken nicht mehr los –
Ich erhebe mich –
»Wohin?« 25
»Am liebsten weg, gleich weit weg –«
»Halt!«
Er steht vor mir, der N.
Ich komm durch ihn nicht durch.
Ich mag ihn nicht mehr hören! 30
Er hat keine Augen, aber er lässt mich nicht aus den Augen.
Ich mache Licht und betrachte den Lampenschirm.
Er ist voll Staub.
Immer muss ich an den T denken.
Er schwimmt um den Köder – oder? 35
Plötzlich fragt der N:

»Warum denken Sie nur an sich?«

»An mich?«

»Sie denken immer nur an den Fisch. Aber der Fisch, Herr Lehrer, und Sie, das ist jetzt ein und dasselbe.«

5 »Dasselbe?!«

»Sie wollen ihn doch fangen – nicht?«

»Ja, gewiss – aber wieso sind ich und er ein und dasselbe?«

»Sie vergessen den Henker, Herr Lehrer – den Henker, der den Mörder um Verzeihung bittet. In jener geheimnisvol-

10 len Stunde, da eine Schuld durch eine andere Schuld ge-tilgt wird, verschmilzt der Henker mit dem Mörder zu ei-nem Wesen, der Mörder geht gewissermaßen im Henker auf – begreifen Sie mich, Herr Lehrer?«

Ja, ich fange allmählich an zu begreifen –

15 Nein, jetzt will ich nichts mehr wissen!

Hab ich Angst?

»Sie sind noch imstand und lassen ihn wieder schwim-men«, höre ich den N. »Sie beginnen ja sogar schon, ihn zu bedauern –«

20 Richtig, seine Mutter hat für mich keine Zeit –

»Sie sollen aber auch an meine Mutter denken, Herr Leh-rer, und vor allem an mich! Auch wenn Sie nun den Fisch nicht meinetwegen, sondern nur wegen des Mädels fan-gen, wegen eines Mädels, an das Sie gar nicht mehr den-

25 ken –«

Ich horche auf.

Er hat recht, ich denke nicht an sie –

Schon seit vielen Stunden.

Wie sieht sie denn nur aus?

30 Es wird immer kälter.

Ich kenne sie ja kaum –

Gewiss, gewiss, ich sah sie schon mal ganz, aber das war im Mond und die Wolken deckten die Erde zu – doch was hat sie nur für Haare? Braun oder blond?

35 Komisch, ich weiß es nicht.

Ich friere.

Alles schwimmt davon –
Und bei Gericht?
Ich weiß nur noch, wie sie mir zunickte, bevor sie die
Wahrheit sagte, aber da fühlte ich, ich muss für sie da sein.
Der N horcht auf. 5
»Sie nickte Ihnen zu?«
»Ja.«
Und ich muss an ihre Augen denken.
»Aber Herr Lehrer, sie hat doch keine solchen Augen! Sie
hat ja kleine, verschmitzte, unruhige, immer schaut sie hin 10
und her, richtige Diebsaugen!«
»Diebsaugen?«
»Ja.«
Und plötzlich wird er sonderbar feierlich.
»Die Augen, Herr Lehrer, die Sie anschauten, waren nicht 15
die Augen des Mädels. Das waren andere Augen.«
»Andere?«
»Ja.«

Das Reh

Mitten in der Nacht höre ich die Hausglocke. 20
Wer läutet da?
Oder habe ich mich getäuscht?
Nein, jetzt läutet es wieder!
Ich springe aus dem Bett, zieh mir den Morgenrock an und
eile aus dem Zimmer. Dort steht bereits meine Hausfrau, 25
verschlafen und wirr.
»Wer kommt denn da?«, fragt sie besorgt.
»Wer ist da?«, rufe ich durch die Türe.
»Kriminalpolizei!«
»Jesus Maria!«, schreit die Hausfrau und wird sehr entsetzt. 30
»Was habens denn angestellt, Herr Lehrer?«
»Ich? Nichts!«

Die Polizei tritt ein – zwei Kommissare. Sie fragen nach
mir.

Jawohl, ich bin es.

»Wir wollen nur eine Auskunft. Ziehen Sie sich gleich an,
5 Sie müssen mit!«

»Wohin?«

»Später!«

Ich ziehe mich überstürzt an – was ist geschehen?!

Dann sitz ich im Auto. Die Kommissare schweigen noch
10 immer.

Wohin fahren wir?

Die schönen Häuser hören allmählich auf und dann kommen die hässlichen. Es geht durch die armen Straßen und
wir erreichen das vornehme Villenviertel.

15 Ich bekomme Angst.

»Meine Herren«, sage ich, »was ist denn geschehen in Gottes Namen?!«

»Später!«

Hier ist die Endstation, wir fahren weiter.

20 Ja, jetzt weiß ich, wohin die Reise geht –

Das hohe Tor ist offen, wir fahren hindurch, es meldet uns
niemand an.

In der Halle sind viele Menschen.

Ich erkenne den Pförtner und auch den Diener, der mich in
25 den rosa Salon führte.

An einem Tische sitzt ein hoher polizeilicher Funktionär.

Und ein Protokollführer.

Alle blicken mich forschend und feindselig an.

Was hab ich denn verbrochen?

30 »Treten Sie näher«, empfängt mich der Funktionär.

Ich trete näher.

Was will man von mir?

»Wir müssen einige Fragen an Sie richten. Sie wollten doch
gestern Nachmittag die gnädige Frau sprechen –« er deu-
35 tet nach rechts.

Ich blicke hin.

Ödön von Horváth

Dort sitzt eine Dame. In einem großen Abendkleid. Elegant
und gepflegt – ach, die Mutter des T!
Sie starrt mich hasserfüllt an.
Warum?
»So antworten Sie doch!«, höre ich den Funktionär.
»Ja«, sage ich, »ich wollte die gnädige Frau sprechen, aber
sie hatte keine Zeit für mich.«
»Und was wollten Sie ihr erzählen?«
Ich stocke – aber es hat keinen Sinn!
Nein, ich will nicht mehr lügen!
Ich sah ja das Netz –
»Ich wollte der gnädigen Frau nur sagen«, beginne ich
langsam, »dass ich einen bestimmten Verdacht auf ihren
Sohn habe –«
Ich komme nicht weiter, die Mutter schnellt empor.
»Lüge!«, kreischt sie. »Alles Lüge! Nur er hat die Schuld,
nur er! Er hat meinen Sohn in den Tod getrieben! Er, nur
er!«
Ich wanke.
In den Tod?!
»Was ist denn los?!«, schreie ich.
»Ruhe!«, herrscht mich der Funktionär an.
Und nun erfahre ich, dass der Fisch ins Netz geschwom-
men ist. Er wurde bereits ans Land gezogen und zappelt
nicht mehr. Es ist aus.
Als die Mutter vor einer Stunde heimkam, fand sie einen
Zettel auf ihrem Toilettentisch. »Der Lehrer trieb mich in
den Tod«, stand auf dem Zettel.
Die Mutter lief in das Zimmer des T hinauf – der T war ver-
schwunden. Sie alarmierte das Haus. Man durchstöberte
alles und fand nichts. Man durchsuchte den Park, rief »T!«
und immer wieder »T!« – keine Antwort.
Endlich wurde er entdeckt. In der Nähe eines Grabens.
Dort hatte er sich erhängt.
Die Mutter sieht mich an.
Sie weint nicht.

Sie kann nicht weinen, geht es mir durch den Sinn.

Der Funktionär zeigt mir den Zettel.

Ein abgerissenes Stück Papier.

Ohne Unterschrift.

5 Vielleicht schrieb er noch mehr, fällt es mir plötzlich ein.

Ich schau die Mutter an.

»Ist das alles?«, frage ich den Funktionär.

Die Mutter schaut weg.

»Ja, das ist alles«, sagt der Funktionär. »Erklären Sie sich!«

10 Die Mutter ist eine schöne Frau. Ihr Ausschnitt ist hinten tiefer als vorne. Sie hat es sicher nie erfahren, was es heißt, nichts zum Fressen zu haben –

Ihre Schuhe sind elegant, ihre Strümpfe so zart, als hätte sie keine an, aber ihre Beine sind dick. Ihr Taschentuch ist 15 klein.

Nach was riecht es? Sicher hat sie ein teures Parfüm –

Aber es kommt nicht darauf an, mit was sich einer parfümiert.

Wenn der Vater keinen Konzern hätte, würde die Mutter 20 nur nach sich selbst duften.

Jetzt sieht sie mich an, fast höhnisch.

Zwei helle, runde Augen –

Wie sagte doch seinerzeit der T in der Konditorei?

»Aber Herr Lehrer, ich hab doch keine Fischaugen, ich hab 25 ja Rehaugen – meine Mutter sagts auch immer.«

Sagte er nicht, sie hätte die gleichen Augen?

Ich weiß es nicht mehr.

Ich fixiere die Mutter.

Warte nur, du Reh!

30 Bald wird es schneien und du wirst dich den Menschen nähern.

Aber dann werde ich dich zurücktreiben!

Zurück in den Wald, wo der Schnee meterhoch liegt.

Wo du stecken bleibst vor lauter Frost –

35 Wo du verhungerst im Eis.

Schau mich nur an, jetzt rede ich!

Ödön von Horváth

Die anderen Augen

Und ich rede von dem fremden Jungen, der den N erschlagen hat, und erzähle, dass der T zuschauen wollte, wie ein
Mensch kommt und geht. Geburt und Tod und alles, was
dazwischenliegt, wollt er genau wissen. Er wollte alle Ge- 5
heimnisse ergründen, aber nur, um darüberstehen zu kön-
nen – darüber mit seinem Hohn. Er kannte keine Schauer,
denn seine Angst war nur Feigheit. Und seine Liebe zur
Wirklichkeit war nur der Hass auf die Wahrheit.
Und während ich so rede, fühle ich mich plötzlich wunder- 10
bar leicht, weil es keinen T mehr gibt.
Einen weniger!
Freue ich mich denn?
Ja! Ja, ich freue mich!
Denn trotz aller eigenen Schuld an dem Bösen ist es herr- 15
lich und wunderschön, wenn ein Böser vernichtet wird!
Und ich erzähle alles.
»Meine Herren«, sagte ich, »es gibt ein Sägewerk, das nicht
mehr sägt, und es gibt Kinder, die in den Fenstern sitzen
und die Puppen bemalen.« 20
»Was hat das mit uns zu tun?«, fragt mich der Funktionär.
Die Mutter schaut zum Fenster hinaus.
Draußen ist Nacht.
Sie scheint zu lauschen –
Was hört sie? 25
Schritte?
Das Tor ist ja offen –
»Es hat keinen Sinn, einen Strich durch die Rechnung ma-
chen zu wollen«, sage ich und plötzlich höre ich meine Worte.
Jetzt starrt mich die Mutter wieder an. 30
Und ich höre mich: »Es ist möglich, dass ich Ihren Sohn in
den Tod getrieben habe –«
Ich stocke –
Warum lächelt die Mutter?
Sie lächelt noch immer – 35

Ist sie verrückt?

Sie beginnt zu lachen – immer lauter!

Sie kriegt einen Anfall.

Sie schreit und wimmert –

5 Ich höre nur das Wort »Gott«.

Dann kreischt sie: »Es hat keinen Sinn!«

Man versucht, sie zu beruhigen.

Sie schlägt um sich.

Der Diener hält sie fest.

10 »Es sägt, es sägt!«, jammert sie –

Was?

Das Sägewerk?

Sieht sie die Kinder in den Fenstern?

Ist jener Herr erschienen, der auch auf Ihre Zeit, gnädige

15 Frau, keine Rücksicht nimmt, denn er geht durch alle Gassen, ob groß oder klein –

Sie schlägt noch immer um sich.

Da verliert sie ein Stückchen Papier – als hätte ihr wer auf
die Hand geschlagen.

20 Der Funktionär hebt es auf.

Es ist ein zerknülltes Papier.

Der abgerissene Teil jenes Zettels, auf dem stand: »Der
Lehrer trieb mich in den Tod.«

Und hier schrieb der T, warum er in den Tod getrieben

25 wurde: »Denn der Lehrer weiß es, dass ich den N erschlagen habe. Mit dem Stein –«

Es wurde sehr still im Saal.

Die Mutter schien zusammengebrochen.

Sie saß und rührte sich nicht.

30 Plötzlich lächelt sie wieder und nickt mir zu.

Was war das?

Nein, das war doch nicht sie –

Das waren nicht ihre Augen –

Still wie die dunklen Seen in den Wäldern meiner Heimat.

35 Und traurig wie eine Kindheit ohne Licht.

Ödön von Horváth

So schaut Gott zu uns herein, muss ich plötzlich denken.
Einst dachte ich, er hätte tückische, stechende Augen –
Nein, nein!
Denn Gott ist die Wahrheit.
»Sage es, dass du das Kästchen erbrochen hast«, höre ich 5
wieder die Stimme. »Tu mir den Gefallen und kränke mich
nicht –«
Jetzt tritt die Mutter langsam vor den Funktionär und beginnt
zu reden, leise, doch fest: »Ich wollte mir die Schande erspa-
ren«, sagt sie, »aber wie der Lehrer zuvor die Kinder in den 10
Fenstern erwähnte, dachte ich schon: Ja, es hat keinen Sinn.«

Über den
Wassern: vgl.
»Der Geist Gottes
schwebte über
den Wassern«
(1. Mose 1,2)

Über den Wassern

Morgen fahre ich nach Afrika.
Auf meinem Tische stehen Blumen. Sie sind von meiner
braven Hausfrau zum Abschied. 15
Meine Eltern haben mir geschrieben, sie sind froh, dass ich
eine Stellung habe, und traurig, dass ich so weit weg muss
über das große Meer.
Und dann ist noch ein Brief da. Ein blaues Kuvert.
»Schöne Grüße an die Neger. Der Klub.« 20
Gestern hab ich Eva besucht.
Sie ist glücklich, dass der Fisch gefangen wurde. Der Pfar-
rer hat es mir versprochen, dass er sich um sie kümmern
wird, wenn sie das Gefängnis verlässt.
Ja, sie hat Diebsaugen. 25
Die Staatsanwaltschaft hat das Verfahren gegen mich nieder-
geschlagen und der Z ist schon frei. Ich packe meine Koffer.
Julius Caesar hat mir seinen Totenkopf geschenkt. Dass ich
ihn nur nicht verliere!
Pack alles ein, vergiss nichts! 30
Lass nur nichts da!
Der Neger fährt zu den Negern.

Sachinformationen

Der zeitliche Hintergrund des Romans

Adolf Hitler, Vorsitzender der Nationalsozialistischen Deutschen Arbeiterpartei (NSDAP), wurde am 30. Januar 1933 nach einer von ihm manipulierten Wahl zum Reichskanzler gewählt. Mit dem »Ermächtigungsgesetz« vom 23. März 1933 wurde nach der parlamentarischen Demokratie der Weimarer Republik (1918–33) die Staatsgewalt an Hitlers nationalsozialistische Regierung übertragen und eine Diktatur errichtet. Der Regierungsstil des sogenannten Dritten Reiches hatte militaristische, antisemitische, rassistische und nationalistische Züge, die Ideologie fußte auf Antikommunismus und der Vorherrschaft des deutschen Volkes. Verbunden war dies mit einer antidemokratischen Gesellschaftsform, die auf einem Führerkult basierte. Schon früh wurde ein Krieg zur Umsetzung einer neuen Weltordnung und der Erweiterung des deutschen Gebietes angestrebt: Der deutsche Kriegsminister Werner von Blomberg erließ im Mai 1937 eine geheime Weisung zur Kriegsvorbereitung der Armee. In einem Geheimdokument, der »Hoßbach-Niederschrift« (Monolog von Hitler vor Vertretern der Wehrmacht und dem Außenminister), wurde bereits im November 1937 eine deutliche Kriegsabsicht erkennbar.

Die herrschende Ideologie der »Gleichschaltung« zog sich durch alle politischen, administrativen, gesellschaftlichen und kulturellen Institutionen. Es war kaum möglich, eine normale Berufslaufbahn zu durchlaufen, wenn man nicht zur Partei gehörte oder zumindest seine Zustimmung zur Partei signalisierte. Es gab ein weitreichendes System der Zensur, die sich auch auf die Literatur und die Kunst bezog. Wer nicht Mitglied in einer NS-Organisation (»Reichsschrifttumskammer« oder »Reichskammer der bildenden Künste«) war, konnte in Deutschland nicht öffentlich künstlerisch tätig sein. Ödön von Horváth wurde neben vielen anderen Opfer dieser Politik; seine Stücke durften nicht mehr auf den Theaterbühnen gespielt werden, seine literarischen Werke wurden bei der Bücherverbrennung am 10. Mai 1933 vernichtet sowie aus den Buchhandlungen und Bibliotheken verbannt.

Mit dem Boykott von jüdischen Geschäften und Betrieben am 1. April 1933 und vor allem mit den »Nürnberger Rassegesetzen« vom 15. September 1935 wurden die jüdischen Mitbürger/-innen ausgegrenzt. Ihnen wurde das Wahlrecht aberkannt, ihre Lebensbedingungen wurden stark eingeschränkt und die Heirat von Ariern mit Juden war verboten. Im Juli 1937 wird mit der Errichtung eines Konzentrationslagers in Buchenwald bei Weimar begonnen, weitere folgten. Millionen von Menschen wurden auf Grundlage der nationalsozialistischen Gesetzgebung ermordet.

Das Verhalten der Kirchen war in der Diktatur widersprüchlich: Der Nationalsozialismus war zunächst eine atheistische Ideologie, so kündigte der Reichspropagandaminster Goebbels am 28. Mai 1937 einen harten Kampf gegen die Kirchen an. Es gelang Hitler jedoch, diese Haltung durch seine Zusammenarbeit mit den Kirchen zu verbergen. Vor allem die protestantische Kirche war gespalten: Neben den »Deutschen Christen«, die die nationalsozialistische Ideologie direkt aufgriffen und Hitler als neuen »germanischen Heilsbringer« (vgl. Fenske 2005) verehrten, gab es auch die »Bekennende Kirche« um den »Pfarrernotbund«, die mehr oder weniger offen gegen das System Widerstand leistete. Viele Protestanten, die sich der Herrschaft der Nationalsozialisten widersetzten, wurden inhaftiert, darunter Martin Niemöller und Dietrich Bonhoeffer. Die Katholiken ließen sich stark vom Verhalten des Papstes beeinflussen: Nach anfänglicher Kritik akzeptierten sie den zwischen dem Vatikan und der nationalsozialistischen Regierung geschlossenen Vertrag (»Konkordat«) zum Ausgleich staatlicher und religiöser Interessen. Im März 1937 kam es zu einem Konflikt: Papst Pius XI. veröffentlichte das kritische Schreiben *Mit brennender Sorge*, in dem er die Euthanasie an Behinderten oder die Verfolgung der Juden in Deutschland kritisierte.

Auch die Schulen wurden schon sehr schnell nach der Machtübernahme gleichgeschaltet: Das »Gesetz zur Wiederherstellung des Berufsbeamtentums« vom 7. April 1933 diente dazu, jüdische, sozialistische und pazifistische Lehrkräfte und Schulleiter aus dem Dienst verweisen zu können. Für Schüler/-innen und Studierende wurde mit dem am 25. April 1933 erlassenen »Gesetz gegen die Überfüllung deutscher Schulen und Hochschulen« die »Rassenzugehörigkeit« als Kriterium für den Zugang zu Höheren Schulen und zum Hochschulstudium eingeführt. Ab 1936/37 verstärkte die nationalsozialistische Führung den Druck auf die Schulen, auch inhaltlich ihren politischen Zielen zu folgen. Vor allem im Deutsch- und Geschichtsunterricht sollten germanische Heldenepen, »vaterländische Größe« und Geschichte der Deutschen sowie der »nordischen Rassen« gelehrt werden. Im Biologieunterricht standen »Vererbungslehre« und »Rassenkunde« im Zentrum der Lehre. Der Sportunterricht wurde aufgewertet und durch einen Wehrertüchtigungsunterricht (auch in außerschulischen Lagern) ergänzt. Die früheren Ideale einer klassisch-humanistischen Bildung wurden abgelehnt (vgl. Struck 2015). Hitler forderte für die »neue deutsche Jugend«:

> »Ich werde sie in allen Leibesübungen ausbilden lassen. Ich will eine athletische Jugend. Das ist das Erste und Wichtigste. Ich will keine intellektuelle Erziehung. Mit Wissen verderbe ich mir meine Jugend. Aber Beherrschung müssen sie lernen. Sie sollen mir in den schwierigsten Proben die Todesfurcht besiegen lernen …« (Rauschning 1940, S. 237).

Sachinformationen

Gegen die Diktatur des Nationalsozialismus kam es zu Widerstand aus unterschiedlichen Kreisen: Widerstandskämpfer/-innen waren vor allem dem christlichen oder linken politischen Spektrum (Sozialisten und Kommunisten) zuzuordnen. Es traten jedoch ebenfalls konservative Vertreter aus dem nahen Umfeld von Hitler in Erscheinung, die durch gewaltsame Aktionen (z. B. Attentat vom 20. Juli 1944) das Regime bekämpften. Daneben gab es individuellen Widerstand, wie etwa das Münchner Attentat auf Hitler durch Georg Elser am 8. November 1939.

Wie Widerstand im Kleinen aussehen konnte, zeigt ein Beispiel in einer Schule im Saarland: Im Januar 1937 fand in dem kleinen Bergmannsdorf Frankenholz eine Widerstandsaktion gegen die »Gleichschaltung« der Schulen statt. Die Schüler weigerten sich, das von dem neuen Schulleiter Philipp Klein aufgehängte Porträt von Adolf Hitler in ihren Klassenzimmern zu grüßen, sie drehten sich demonstrativ zum Kruzifix, das man in den Klassen über die Türen gehängt hatte. Als die Schüler weiter unter Druck gesetzt wurden, entschieden sich die mehrheitlich katholischen Eltern mit Unterstützung des Ortspfarrers Luitpold Layes zu einem Schulstreik ihrer Kinder, und ein Teil der Bergleute unterstützte diesen durch einen Bummelstreik. Daraufhin wurde eine Kollektivstrafe von 2000 Reichsmark für die Eltern erlassen, die streikenden Grubenarbeiter sowie eine widerständige Lehrerin sollten entlassen werden. Der Druck gegen die NSDAP wurde aber so groß, dass alle Strafmaßnahmen zurückgezogen werden mussten.

Letztlich zeigte sich: Nicht nur aktives Mittun unterstützte den Nationalsozialismus, sondern auch Feigheit, Passivität, Vernachlässigung, Bequemlichkeit.

Literatur

Baus, Martin: Verdrängte Geschichte. Nazi-Herrschaft, Verfolgung, Widerstand – Ein Wegweiser durch den Saarpfalz-Kreis, Blieskastel 1995.
https://www.saarpfalz-kreis.de/der-landkreis/die-geschichte-des-saarpfalz-kreises/20-jahrhundert/der-schulstreik-von-frankenholz [04.05.2020]

Doppler, Alfred: Die Exilsituation in Horváths späten Dramen.
In: Sprachkunst. Beiträge zur Literaturwissenschaft. Jahrgang XIX,
2. Halbband. Wien 1988, S. 33–42.

Fenske, Wolfgang: Wie Jesus zum »Arier« wurde. Auswirkungen der
Entjudaisierung Christi im 19. und zu Beginn des 20. Jahrhunderts.
Darmstadt: Wissenschaftliche Buchgesellschaft 2005.

Horváth, Ödön von: Kurzprosa, Fragmente und Werkprojekte.
In: Vejvar, Martin unter Mitarbeit von Streitler-Kastberger, Nicole (Hg.):
Werke Bd. 13. Berlin: de Gruyter 2017.

Kastberger, Klaus / Polt-Heinzl, Evelyne: Erläuterungen zu Ödön von
Horváth: Jugend ohne Gott. Stuttgart: Reclam 2010.

Rauschning, H.: Gespräche mit Hitler. Zürich/Wien/New York 1940, S. 237.
http://www.politischebildung.com/pdfs/ecker_a231.pdf
[08.04.2020].

Struck, Bernhard: Schule im Dritten Reich. https://www.dhm.de/lemo/
kapitel/ns-regime/alltagsleben/schule.html. Berlin: Deutsches
Historisches Museum 2015 [30.03.2020]

Die Generationenkonflikte nach dem Ersten Weltkrieg

Horváth hatte ein feines Gespür für die Generationenkonflikte
seiner Zeit. Ausgangspunkt waren die allgemeinen, von vielen
wahrgenommenen Erfahrungen aus dem Ersten Weltkrieg
(1914–18). Dieser Krieg wurde nicht nur in Deutschland als
Zeitenwende angesehen. Das Jahr 1918 stand insbesondere
für eine tiefgreifende Umwälzung der deutschen Gesellschaft:
Die Monarchie wurde durch eine Demokratie ersetzt, die Menschen mussten mit den vielen Toten und Kriegsverletzten
zurechtkommen, man litt unter dem verlorenen Krieg und den
Folgen des Versailler Vertrags (neue Grenzen und Landverlust,
z. B. Polen, Elsass-Lothringen; Belastungen der deutschen
Wirtschaft durch Reparationszahlungen).

In der Gesellschaft standen sich zwei Lager gegenüber: Einerseits gab es die Anhänger der rückwärtsgewandten, hierarchi-
schen Werte des Kaiserreichs, andererseits beteiligten sich viele zuversichtlich an der Errichtung einer ersten Demokratie auf
deutschem Boden. Oft verliefen die Fronten zwischen den Generationen, je nachdem, welche biografischen Erfahrungen die
Menschen geprägt hatten. In der Literatur der Zwanzigerjahre
wurden diese Brüche thematisiert: Erich-Maria Remarques

Sachinformationen

Roman *Im Westen nichts Neues* aus dem Jahr 1928 zeigt, wie Jugendliche im Ersten Weltkrieg massenhaft ihr Leben verloren, und das Gedicht *Jahrgang 1899* aus dem gleichen Jahr von Erich Kästner verdeutlicht, wie sich die Angehörigen der jungen Generation fühlen mussten.

Zur Entstehungszeit des Romans *Jugend ohne Gott* lassen sich 1937 vier Generationen erkennen, die inhaltlich angedeutet werden:

1. Es treten die Menschen auf, die den Ersten Weltkrieg als Erwachsene erlebt hatten (geboren bis 1899) und für die der Krieg den Abbruch einer klaren autoritären, patriarchalen Ordnung darstellte, in der die Regeln der Monarchie gültig waren. Sie glaubten, dass Deutschland den Krieg gewonnen hätte, wenn es nicht von Kriegsgegnern verraten worden wäre (»Dolchstoßlegende«). Diese Rechtfertigungsideologie war Grundlage für neue militaristische Stimmungen in der Weimarer Republik und ein Nährboden für den wachsenden Nationalsozialismus.

2. Ihnen standen die Menschen gegenüber, die den Ersten Weltkrieg als Jugendliche erlebt hatten (geboren 1899 bis 1903), denen ihre Jugend im Frontgeschehen gestohlen wurde. Der Lehrer im Roman könnte als Vertreter dieser Generation angesehen werden. Einige dieser Frontkämpfer sahen hoffnungsvoll einer Demokratisierung der Gesellschaft entgegen und unterstützten die Weimarer Republik. Andere aber machte das Trauma der Fronterfahrungen zu zynischen und pessimistischen Menschen, die die Realität aus einer gewissen Distanz betrachteten.

3. Die Menschen, die den Ersten Weltkrieg als Kinder erlebt (geboren 1903 und später) und die die Frontkämpfe nur in der Berichterstattung erlebt hatten, schlossen sich teilweise mit den »Alten« zusammen und wurden Opfer einer Propaganda, die die Größe des Vorkriegsdeutschlands pries.

4. Daneben gab es die Generation, die den Ersten Weltkrieg nicht persönlich erfahren hatte (geboren ab 1918) und die

Opfer der nationalistischen Ideologie wurden. Zu ihnen lassen sich die Schüler im Roman *Jugend ohne Gott* zählen.

Im Zuge der »Gleichschaltung« wurden demokratische und pädagogisch innovative Organisationen, die mit der Jugendbewegung in den 1920er Jahren an Bedeutung gewonnen hatten, einfach umgewidmet, gewerkschaftliche, konfessionelle oder politische Vereinigungen wurden verboten. Die Jungen wurden ab dem Alter von zehn Jahren im Deutschen Jungvolk (DJ, genannt »Pimpfe«) erfasst, von 14 bis 18 Jahren folgte die Mitgliedschaft in der Hitlerjugend (HJ). Die Mädchen mussten zunächst in den Jungmädelbund (JM), dann in den Bund Deutscher Mädel (BDM) eintreten. Die Jugendlichen sollten die NS-Ideologie verinnerlichten: Die Jungen wurden auf den Krieg vorbereitet, die Mädchen zu »guten deutschen Müttern« erzogen. Mit der Einführung des »Volksempfängers« (im Roman als »Radio« erwähnt, S. 19 ff.) waren die Heranwachsenden einer ständigen Manipulation durch die Medien ausgesetzt, sodass andere Wertvorstellungen – etwa von den Kirchen – sie kaum noch erreichten.

Horváth reflektierte die Erfahrungen seiner eigenen Generation in den Zwanzigerjahren, die von der älteren Generation wegen ihrer emotionalen Kälte angegriffen wurde: »Wir, das heißt, wir, die sogenannte Nachkriegsgeneration, die wir schreiben, hören es immer wieder: ›Ihr habt keine Seele, ihr schreibt aber erschreckend gut, ihr seid kalt‹.« (Horváth 2008, S. 100). Dieser Vorwurf lässt sich auf die Jugendlichen übertragen, die den Ersten Weltkrieg nicht erlebt hatten und im faschistischen System sozialisiert wurden. Sie wurden Opfer einer Erziehung, deren erstes Ziel eine vollständige Kollektivierung war: Nicht der Einzelne zählte, sondern die Masse, das Volksganze. Der Reichsjugendführer Baldur von Schirach verkündete stolz auf einer Kundgebung in Westpreußen, dass nach einem siebenwöchigen Propagandafeldzug über eine Million Jungen und Mädchen in die Hitlerjugend (HJ) aufgenommen worden seien (Blume/Wichmann 2015).

Sachinformationen

Die NS-Jugendpolitik vermittelte der heranwachsenden Generation ein neues Selbstbewusstsein. Dies führte in Einzelfällen zu einer Umkehrung der Autoritäten: Nicht nur Erwachsene hatten das Sagen, auch Jugendliche, wenn sie die Werte der Gesellschaft vertraten. Ihnen wurde durch die nationalsozialistische Jugendpolitik verdeutlicht, dass sie die neuen Herren seien, die sich nur bedingt den schulischen Zielen unterwerfen müssten. Das Zitat aus einer Rede von Adolf Hitler verdeutlichte diesen Grundsatz:

> »Meine Pädagogik ist hart. Das Schwache muss weggehämmert werden. In meinen Ordensburgen wird eine Jugend heranwachsen, vor der sich die Welt erschrecken wird. Eine gewalttätige, herrische, unerschrockene, grausame Jugend will ich. Jugend muss das alles sein. Schmerzen muss sie ertragen. Es darf nichts Schwaches und Zärtliches an ihr sein. Das freie, herrliche Raubtier muss erst wieder aus ihren Augen blitzen. Stark und schön will ich meine Jugend« (Rauschning 1940, S. 237).

Diese Ideologie bezog sich zunächst auf die männliche Jugend. Die Erziehung der Mädchen war vor allem als Gegenmodell zum Frauenbild der Weimarer Republik zu sehen. Nachdem die Frauen um Gleichberechtigung und Wahlrecht bis 1918 gekämpft hatten, waren sie danach zu neuem Selbstbewusstsein gelangt. Viele von ihnen mussten zu Kriegszeiten in Männerberufen arbeiten, hatten Verantwortung übernommen und wollten sich nach dem Kriegsende 1918 nicht wieder in den privaten Bereich zurückdrängen lassen. Ihnen wurde jetzt zugebilligt, dass sie berufstätig sein dürfen, wählen und studieren dürfen, sogar über das Abtreibungsrecht oder eine Gleichstellung der Homosexualität wurde diskutiert. Alte Geschlechtermodelle, die die patriarchale Versorgungsehe und eine Idealisierung der keuschen Frau vertreten hatten, wurden infrage gestellt. Auch die Mode änderte sich: Die Frauen trugen kürzere Haare, kürzere Röcke und gaben das Korsett auf. Im Zuge der nationalsozialistischen Frauenkonzeption wurden diese Errungenschaften zurückgedrängt: Mädchen sollten wieder »fraulich« sein, das Hauptziel war die Vorbereitung auf die Ehe und Mutterschaft, wobei sie zur Fürsorge und zu pflegerischen Tätigkeiten angehalten wurden. Ab Januar 1937 mussten Mädchen vor der Aufnahme eines Studiums Arbeitsdienst leisten, oft wurde ihnen wieder verwehrt, akademische Berufe zu ergreifen.

Einige wenige Jugendliche widerstanden dem faschistischen Regime, darunter die Widerstandsgruppe »Weiße Rose«, eine Gruppe von Studierenden, die durch Flugblattaktionen auffiel, und die »Edelweißpiraten«, die Sabotage-Aktionen durchführten. Vertreter/-innen beider Gruppierungen wurden standrechtlich erschossen oder in Konzentrationslager gebracht.

Literatur

Blume, Doris / Wichmann, Manfred: Chronik 1937. Berlin: Deutsches Historisches Museum 2015. https://www.dhm.de/lemo/jahreschronik/1937. [05.04.2020]

Horváth, Ödön von: Prosa und Stücke. Hrsg. von Kurt Bartsch. Frankfurt/Main: Suhrkamp 2008.

Patzer, Georg: Ödön von Horváth: Jugend ohne Gott. Lektüreschlüssel. Stuttgart: Reclam 2016.

Rauschning, H.: Gespräche mit Hitler. Zürich/Wien/New York 1940, S. 237. http://www.politischebildung.com/pdfs/ecker_a231.pdf [05.04.2020]

Sosna, Anette: Ödön von Horváths »Jugend ohne Gott«. Paderborn: Schöningh 2012.

Neue Sachlichkeit

Die Weimarer Republik war von großen Gegensätzen gekennzeichnet: Es fanden sich politische Extreme (zwischen Kommunisten und Faschisten, die sich in Straßenschlachten bekämpften) und die neue Demokratie suchte nach kulturellen Ausdrucksformen, besonders auch in den neuen Medien Film und Radio. Literarisch gab es einen Pluralismus verschiedener Strömungen, sodass es unmöglich ist, eine fest umrissene Epochenbezeichnung für diesen Zeitraum zu definieren: Während einige Schriftsteller/-innen weiter im naturalistischen oder realistischen Stil schrieben, fanden sich auch Vertreter/

-innen des Expressionismus und Dadaismus. Gleichzeitig politisierte sich der Diskurs stark, nationalistisch denkende Künstler/-innen (etwa der »Heimatkunst« oder des »Blut- und Boden«-Romans, aber auch des »Futurismus«) standen kommunistisch aktiven Schriftstellerinnen und Schriftstellern gegenüber, die sich für eine propagandistische Literatur in Anlehnung an die Entwicklung in der Sowjetunion (»Sozialistischer Realismus«) einsetzten.

Eine Strömung der Kunst und Literatur, die »Neue Sachlichkeit«, suchte einen neuartigen Zugang, indem sie Bezug auf die gesellschaftlichen Entwicklungen nahm, ohne sich parteipolitisch klar zu positionieren. Inhaltlich wurde die neue Zeit aufgenommen in der realistischen Darstellung der Großstadtwelt der »Goldenen Zwanziger« mit ihrer Sportbegeisterung, dem Vergnügen an Revuen und Kabaretts, mit dem Aufkommen der Werbebranche und dem Interesse an Mode, aber auch in den alltäglichen Sorgen der einfachen Menschen. Lyrik und Prosa wurden zunächst in Zeitungen und Zeitschriften veröffentlicht und waren damit einem großen Publikum zugänglich. Das Kabarett gewann an Bedeutung, da viele Texte dort aufgeführt wurden und so das Publikum unmittelbar erreichten. Auch Ödön von Horváth verfasste im Zeitraum 1922–1933 eine Reihe von Kurzprosatexten, die zunächst in Zeitungen und Zeitschriften erschienen. Neben der Kurzprosa war der Roman ein wichtiges Genre und setzte inhaltlich sowie sprachlich neue Impulse. Die Neue Sachlichkeit etablierte sich damit als eine »Gebrauchskunst, geschrieben oder offen für ein Massenpublikum, konzipiert mit dem Anspruch, sich an der gesellschaftlichen Modernisierung aktiv zu beteiligen« (Becker 2007, S. 539).

Geprägt wurde der Begriff »Neue Sachlichkeit« in einer Ausstellung zeitgenössischer Kunst 1925 in Mannheim. Wie in der bildenden Kunst ging es auch in der Literatur um eine objektive Darstellung der Gesellschaft und der Menschen. Die Schreibenden orientierten sich an einem journalistischen Stil: Die Wirklichkeit sollte genau und möglichst neutral abgebildet werden, um damit Authentizität und Glaubwürdigkeit zu signalisieren. Den Leserinnen und Lesern wurde direkter Einblick in die Gedanken der Protagonisten gegeben, womit ungefiltert eine »Demaskierung des Bewusstseins« stattfand. Diesen Begriff benutzte Horváth in einer »Gebrauchsanweisung« für seine Theaterstücke, er ist aber auch auf seine Prosa übertragbar. Damit hoffte der Autor, den »ewigen Kampf zwischen Bewusstsein und Unbewusstsein« der »großen Masse« darzustellen (Horváth 2008, S. 114). Er wollte entlarven, wie der Einzelne sich zum Sprachrohr von Phrasen, ideologischen Versatzstücken und vom Jargon seiner Zeit macht, ohne dies selbst zu durchschauen. Nur in ganz wenigen Momenten zeige der Mensch sich selbst:

> »Stilisiert muß gespielt werden, damit die wesentliche Allgemeingültigkeit dieser Menschen betont wird – – man kann es gar nicht genug überbetonen, sonst merkt es keiner, die realistisch zu bringenden Stellen im Dialog und Monolog sind die, wo ganz plötzlich ein Mensch sichtbar wird – – wo er dasteht, ohne jede Lüge, aber das sind naturnotwendig nur ganz wenige Stellen« (Horváth 2008, S. 118).

Auch in der Prosa sollte ohne die Vermittlung eines Erzählers die Wirklichkeit wiedergegeben werden, um Authentizität zu erlangen. Die Handlung entwickelte sich hauptsächlich in Gesprächen, die immer wieder zu Scharnieren für eine Weiterführung oder Wendung wurden.

Textteile, z. B. Auszüge aus Tagebüchern, Briefen, Werbeflyern, Plakaten, Fahrplänen, unterstützten den dokumentarischen Anspruch. Die Sprache folgte der Alltagssprache der Zeit. Sprachschichten wurden aufgenommen, etwa der Jargon von Kriminellen, Slogans von politischen Parteigängern oder die übertriebene Bildungssprache von Menschen, die auf ihre Bildung stolz waren und dieses durch lateinische Zitate, Bibelsprüche oder Klassikerverweise ausdrückten. Außerdem war das Verwenden von Sportsprache (Fachbegriffe aus bestimmten Sportarten, Übertragung auf die Charakterisierung der

Figuren) beliebt. Es wurden auch grammatische oder orthografische Fehler beibehalten, um Authentizität zu vermitteln. Der Satzbau war oft parataktisch, zahlreiche Ellipsen zeigten Brüche in der Sprache der Figuren. Glaubwürdigkeit und Direktheit wurde durch den häufigen Wechsel der erzählten Zeit vom Präteritum ins Präsens signalisiert, um das Erzählte zu vergegenwärtigen.

Die Namen der beteiligten Figuren waren teilweise typisierend, d. h., man wählte Namen, die ein bestimmtes Milieu oder die dargestellte Zeit verdeutlichten oder die die Träger charakterisierten (der Protagonist »Franz Biberkopf« in *Berlin Alexanderplatz* von Alfred Döblin, die Heldin »Doris« in dem Roman *Das kunstseidene Mädchen* von Irmgard Keun oder *Sladek, der schwarze Reichswehrmann* von Ödön von Horváth). Daneben wurden Berufsbezeichnungen oder Abkürzungen von Namen verwendet. Die so bezeichneten Figuren verloren so ihre Individualität und kennzeichneten als Typen oder Werkzeuge ein bestimmtes gesellschaftliches Phänomen. In Fortsetzung dieser Auflösung des Individuellen wurden auch Menschen über die sie umgebenden Dinge charakterisiert.

Zu den Vertreterinnen und Vertretern der Neuen Sachlichkeit zählen vor allem Mascha Kaléko, Kurt Tucholsky und Erich Kästner mit ihrer Gebrauchslyrik, d. h. mit Texten, die für das Kabarett, für die Presse oder für die Werbung geschrieben wurden. Die sozialkritischen Reportagen von Egon Erwin Kisch und die Satiren Kurt Tucholskys werden dieser modernen Strömung zugeordnet. Irmgard Keun (*Das kunstseidene Mädchen*), Erich Kästner (in seinem frühen Roman *Fabian*, aber auch in seiner Kinder- und Jugendliteratur, etwa in *Emil und die Detektive*), Lion Feuchtwanger (*Die Brüder Oppenheimer*), Alfred Döblin (*Berlin Alexanderplatz*) oder Joseph Roth (*Hiob*) schrieben neusachliche Romane. Neben den Lehrstücken von Bertolt Brecht wurde in den Theatern vor allem das neue »Volksstück« von Marieluise Fleißer und Ödön von Horváth als Beispiel für die Neue Sachlichkeit gesehen. Darin verbindet

Ödön von Horváth sozialkritische und komödiantische Elemente.

In der Kunst und der Architektur, vor allem im »Bauhaus« Projekt, wurde die Strömung der Neuen Sachlichkeit aufgenommen. Vertreter waren Christian Schad, Otto Dix, Rudolf Schlichter und George Grosz. Weder in der Literatur noch in der Kunst gab es definierte Programme, auf die man sich in geschlossenen Künstlergruppen einigte. Nach der Machtergreifung der Nationalsozialisten mussten viele kritische Autorinnen und Autoren der Neuen Sachlichkeit emigrieren, da ihre Werke verboten oder vernichtet wurden; sie nicht publizieren durften und ihnen Haft und Folter, ja sogar Tod drohten.

Literatur

Becker, Sabina: Neue Sachlichkeit. In: Burdorf, Dieter / Fasbender, Christoph / Moennighoff, Burkhard (Hg.): Metzler Literaturlexikon. Begriffe und Definitionen. Stuttgart/Weimar: Metzler 2007, S. 538 f..

Garbe, Burckhard: Ja, es kommen kalte Zeiten. Beobachtungen zur poetischen Sprache Horváths in Jugend ohne Gott. In: Krischke, Traugott: Horváths Jugend ohne Gott. Frankfurt/Main 1984, S. 92–115.

Horváth, Ödön von: Prosa und Stücke. Hrsg. von Kurt Bartsch. Frankfurt/Main: Suhrkamp 2008.

Entstehung und Rezeption des Romans

Der Roman *Jugend ohne Gott* ist aus den Vorarbeiten zu dem Theaterstück *Der Lenz ist da! Ein Frühlingserwachen in unserer Zeit* und dem Roman *Auf der Suche nach den Idealen der Menschheit* (1934–36) hervorgegangen. 1935 umschrieb Horváth den Plot des Romans in seinen Skizzen:

> »Ich überreiche dies Buch der Öffentlichkeit unserer Zeit. Ich weiss, es wird viel verboten werden, denn es handelt von den Idealen der Menschheit. Ein Lehrer, der Lesen und Schreiben lehrt, von dem handelt es. Es ist ein Buch gegen die geistigen Analphabeten, gegen die, die wohl lesen und schreiben können, aber nicht wissen, was sie schreiben, und nicht verstehen, was sie lesen. Und ich habe ein Buch für die Jugend geschrieben, die heute bereits wieder ganz

anders aussieht als die fetten Philister, die sich Jugend dünken. Aus den Schlacken und Dreck verkommener Generationen steigt eine neue Jugend empor. Der sei mein Buch geweiht! Sie möge lernen aus unseren Fehlern und Zweifeln! Und wenn nur einer dies Buch liebt, bin ich glücklich!« (Horváth 2017, S. 11).

Im Entwurf zu dem Theaterstück *Der Lenz ist da* aus dem Jahr 1934 wird vor allem das Jugendlager dargestellt. Darin thematisiert Horváth die Sexualität unter Jugendlichen und lehnt sich damit an Franz Wedekinds Skandaldrama *Frühlings Erwachen* (1891) an. Es wird deutlich, dass Horváth in *Jugend ohne Gott* sowohl die eigenen Widersprüche im Verhältnis mit dem Nationalsozialismus aufgreift als auch Personen seiner Umgebung indirekt nachzeichnet. So sind z. B. in der Figur von Julius Cäsar Eigenschaften seines Bruders Lajos (1903–1968) und des Hauptschullehrers Ludwig Köhler (1884–1942) wiedergegeben. Der Pfarrer verkörpert den Pfarrer Karl Bögner (1883–1970), den Horváth in Murnau kennengelernt hatte. Weitere autobiografische Erfahrungen, z. B. das erste Hochlandlager der Hitlerjugend in der Nähe seines Wohnortes Murnau vom 4. bis zum 28. August 1934 und das erste »Mädellager« 1937, sind in das Werk eingegangen.

Der Roman erschien zunächst am 16. Oktober 1937 als Vorabdruck in der Pariser Exilzeitschrift *Das Neue Tage-Buch*, dann am 26. Oktober 1937 im bekannten Exilverlag Allert de Lange in Amsterdam. An diesem Tag bezog sich Horváth in einem Brief an seinen Freund Franz Theodor Csokor auf den Roman: In *Jugend ohne Gott* habe er »zum ersten Mal den sozusagen faschistischen Menschen (in der Person des Lehrers) geschildert, an dem die Zweifel nagen – oder besser gesagt: den Menschen im faschistischen Staate« (Horváth 2013, S. 16). Kurz nach dem Erscheinen wurde *Jugend ohne Gott* in mehrere Sprachen übersetzt, doch im Deutschen Reich im Januar 1938 auf Antrag der Gestapo wegen seiner pazifistischen Tendenz auf die »Liste des schädlichen und unerwünschten

Schrifttums« gesetzt und im gesamten Reichsgebiet verboten (vgl. Lunzer 2001, S. 149).

Es gab viele Reaktionen auf den Roman, vor allem in der Exilpresse: Thomas Mann nannte ihn 1937 in seinem Tagebuch »reizvoll« und meinte in einem Brief an Carl Zuckmayer, dass er »den Roman für das beste Buch der letzten Jahre hält« (zit. nach Streitler-Kastberger 2013, S. 16). Horváths Freund Franz Theodor Csokor lobte in der *Basler National-Zeitung* vom 28. November 1937: »Diese Zeit wird wenig hinterlassen von Werken, die sich ihr entrangen zu dauernder Bewährung! Unter diese aber zählt Ödön von Horváths Roman.« Der Schriftsteller Franz Werfel schrieb im Vorwort von Horváths Folgeroman *Ein Kind unserer Zeit*: »Die zwei Romane überragen deshalb alles, was er geschaffen hat«, schränkte aber auch gleich ein:

> »Es wäre freilich ungehörig, ihnen den Rang vollendeter epischer Kunstwerke zubilligen zu wollen. Ihre Bedeutung liegt nicht in der künstlerischen Vollkommenheit, sondern in der einmaligen, unverbrauchten Art, wie ein fast voraussetzungsloser Mensch zum Grauen vor der Gegenwart und zur religiösen Schuld-Erkenntnis der absoluten Lieblosigkeit erwacht« (Werfel 1938, IV).

Etwas verhaltener war die Rezension von Carl Misch in der *Pariser Tageszeitung* vom 12. November 1937, er hätte sich klarere Worte gegen den Nationalsozialismus gewünscht (vgl. Krischke 1988, S. 152, s. Material, S. 172). Ähnlich äußert sich auch der Schweizer Journalist Rudolf Jakob Humm in der Zeitschrift *Maß und Wert* vom März/April 1938. Horváth habe alle Elemente, »die ihm von der Ethik, der Psychologie, der Philosophie für den Abschluss seines Beweises zur Verfügung gestellt wurden, dermassen in das Kalkül einbezogen, dass sich dem Leser aus der Geschichte zuletzt weder ein ethischer, noch ein psychologischer, noch ein philosophischer Gewinn ergibt«. Man sei »durchdröhnt von einer ungeheuren Geschwindigkeit« und verstimmt, »wieso man sich des Faschismus als eines unterhaltenden Vorwands bedienen kann« (zit. nach Lüke, 2010, S. 130).

In seiner Brisanz für die Aufarbeitung des Nationalsozialismus wurde der Roman *Jugend ohne Gott* neu gewürdigt. Es entstanden zwei Hörspiele (1967 vom Österreichischen Rundfunk unter der Regie von Ernst Wolfram Marboe und 2015 im Münchner Hörverlag von Uwe Schareck und Matthias Bundschuh), und der Roman wurde mehrfach verfilmt:

- *Nur der Freiheit gehört unser Leben*, BRD 1969, Regie: Eberhard Itzenplitz
- *Wie ich ein Neger wurde*, BRD 1971, Regie: Roland Gall
- *Jugend ohne Gott*, 1991, Regie: Michael Knof
- *Jeunesse sans Dieu*, Frankreich 1996, Regie: Catherine Corsini
- *Jugend ohne Gott*, BRD 2017, Regie: Alain Gsponer

Vor allem nach dem Jahr 2010 wurde der Roman für die Bühne entdeckt, zahllose Bearbeitungen entstanden, insbesondere für das Jugendtheater. Ebenso wurde er in verschiedenen Bundesländern in den Bildungskanon aufgenommen. Dieses neue Interesse an dem Roman lässt sich sicher mit dem Erstarken populistischer Strömungen in Deutschland erklären, der Text kann als Warnung gelesen werden. Die Herausgeberin der neuesten Werkausgabe von *Jugend ohne Gott* schreibt denn auch: »Gegen die ›Blödheit‹ der Zeit anzuschreiben, das hatte sich Horváth gemeinsam mit Csokor zu Devise des Schreibens gemacht. Und von diesem Vorsatz ist auch sein vorletzter Roman getragen« (Streitler-Kastberger 2013, S. 1).

Literatur

Birbaumer, Ulf: Trotz allem: die Liebe hört nimmer auf. Motivparallelen in Horváths Der Lenz ist da! und Jugend ohne Gott. In: Krischke, Traugott: Horváths Jugend ohne Gott. Frankfurt/Main: Suhrkamp 1984, S. 116–128.

Csokor, Franz Theodor: Ein Buch von Morgen. In: Nationalzeitung Basel vom 28.11.1937.

Kaiser, Wolf: Jugend ohne Gott – ein antifaschistischer Roman? In: Krischke, Traugott: Horváths Jugend ohne Gott. Frankfurt/Main: Suhrkamp 1984, S. 48–68.

Keufgens, Norbert: Erläuterungen zu Ödön von Horváth: Jugend ohne Gott. Stuttgart: Reclam 1998.

Krischel, Volker: Erläuterungen zu Ödön von Horváth, Jugend ohne Gott. Hollfeld: Bange 2014.

Krischke, Traugott: Horváth-Chronik. Daten zu Leben und Werk. Frankfurt/Main: Suhrkamp 1988.

Lüke, Michael (Hrsg.): Ödön von Horváth: Jugend ohne Gott. Berlin: Cornelsen 2010.

Lunzer, Heinz/Lunzer-Talos, Victoria/ Tworek, Elisabeth: Horváth. Einem Schriftsteller auf der Spur. Salzburg/Wien: Residenz-Verlag 2001.

Schmollinger, Annette: Intra muros et extra. Deutsche Literatur im Exil und in der inneren Emigration. Ein exemplarischer Vergleich. Heidelberg: Winter 1999.

Streitler-Kastberger, Nicole (Hrsg.): Ödön von Horváth: Jugend ohne Gott. (Wiener Ausgabe Bd. 15) Berlin/Boston: de Gruyter 2013.

Werfel, Franz: Vorwort. In: Ödön von Horváth: Ein Kind unserer Zeit. Roman. Amsterdam: Allert de Lange 1938, IV–VI.

Wirthwein, Heike: Ödön von Horváth: Jugend ohne Gott. Text und Kontext. Stuttgart: Reclam 2013.

Materialien

Sebastian Haffner: Geschichte eines Deutschen.
Die Erinnerungen 1914–1933 [Auszug]

Die autobiografischen Überlegungen des Historikers und Autors
Sebastian Haffner wurden 1939 im englischen Exil geschrieben,
aber erst nach Haffners Tod 2000 veröffentlicht.

Vieles hat dem Nazismus später geholfen und sein Wesen modifiziert. Aber hier liegt seine Wurzel: nicht etwa im »Fronterlebnis«, sondern im Kriegserlebnis des deutschen Schuljungen. Die Frontgeneration hat ja im ganzen wenig
5 echte Nazis geliefert und liefert heute noch im Wesentlichen die »Nörgler und Meckerer«; sehr verständlich, denn wer den Krieg als Wirklichkeit erlebt hat, bewertet ihn meistens anders. [...] Die eigentliche Generation des Nazismus aber sind die in der Dekade 1900 bis 1910 Geborenen,
10 die den Krieg ganz ungestört von seiner Tatsächlichkeit, als großes Spiel erlebt haben. [...]
Dennoch war es, seltsam genug, auch und gerade dies mechanisch und automatisch weiterlaufende tägliche Leben, was es verhindern half, daß irgendwo eine kraftvolle,
15 lebendige Reaktion gegen das Ungeheuerliche stattfand. Ich habe geschildert, wie der Verrat und die Feigheit der Führer es verhinderte, daß die Mannschaften der anderen politischen Machtgruppen gegen die Nazis eingesetzt wur-

den und Widerstand leisteten. Das läßt immer noch die
Frage offen, warum nicht ganz spontan, hier und da und 20
dort, ein Einzelner aufstand und sich wehrte – wenn nicht
gegen das Ganze, so doch vielleicht gegen irgendein spezi-
elles Unrecht, irgendeine besondere Schandtat, die gerade
in seiner Reichweite geschah? (Ich übersehe nicht, dass
diese Frage auch einen Vorwurf gegen mich selbst ein- 25
schließt.)
Dem war eben der weiterlaufende Mechanismus des täglichen Lebens im Wege. Wie anders würden wahrscheinlich
Revolutionen, wie anders würde die gesamte Geschichte
verlaufen, wenn die Menschen heute noch, wie vielleicht 30
im antiken Athen, auf sich stehende Wesen mit einer
Beziehung zum Ganzen wären – und nicht so rettungslos
eingespannt in ihren Beruf und ihren Tagesplan, abhängig
von tausend Unübersehbarkeiten, Glieder eines unkontrol-
lierbaren Mechanismus, auf Schienen laufend gleichsam 35
und hilflos, wenn sie entgleisen! Nur in der täglichen Routi-
ne ist Sicherheit und Weiterbestehen – gleich daneben
fängt der Dschungel an. Jeder europäische Mensch des
20. Jahrhunderts hat das mit dunkler Angst im Gefühl.
Daher sein Zögern, irgendetwas zu unternehmen, was ihn 40
›entgleisen‹ lassen könnte – etwas Kühnes, Unalltägliches,
nur aus ihm selbst Kommendes. Daher die Möglichkeit,
solcher immensen Zivilisationskatastrophen wie der Nazi-
herrschaft in Deutschland.

Haffner, Sebastian: Geschichte eines Deutschen. Die Erinnerungen 1914–
1933. München: Pantheon 2014, S. 23, 135 f. (Dieser Auszug
berücksichtigt nicht die Regeln der reformierten Rechtschreibung und
Zeichensetzung, da die Rechteinhaber einer Anpassung widersprochen
haben.)

Materialien

Adolf Hitler: Reichenberger Rede (2. Dezember 1938) [Auszug]

*In der Reichenberger Rede zur Reichstagswahl und zur An-
gliederung der sudetendeutschen Gebiete drückt Hitler völlig
klar aus, wie er sich seine Jugendpolitik vorstellt: Die Heranwachsenden seien nicht eigenständige Individuen, sondern
Teil der Gemeinschaft, die alle Rechte an ihnen hat.*

Dann kommt eine neue deutsche Jugend, und die dressie-
ren wir schon von ganz klein an für diesen neuen Staat.
Diese Jugend, die lernt ja nichts anderes als deutsch denken, deutsch handeln. Und wenn nun diese[r] Knabe[n]
5 [...] mit [...] zehn Jahren in unsere Organisationen
hineinkomm[en] und dort nun wie so oft zum ersten Mal
überhaupt eine frische Luft bekommen und fühlen, dann
kommen sie vier Jahre später vom Jungvolk in die Hitlerjugend, und dort behalten wir sie wieder vier Jahre, und
10 dann geben wir sie erst recht nicht zurück in die Hände
unserer alten Klassen- und Standes-Erzeuger, sondern
dann nehmen wir sie wieder fort in die Partei und die Ar-
beitsfront, in die SA oder in die SS, in das NSKK usw. Und
wenn sie da drei Jahre oder anderthalb Jahre sind und noch
15 nicht ganze Nationalsozialisten geworden sein sollten,
dann kommen sie in den Arbeitsdienst und werden dort
wieder sechs und sieben Monate geschliffen, alles mit einem Symbol, dem deutschen Spaten. Und was dann nach
sechs oder sieben Monaten noch an Klassenbewusstsein
20 oder Standesdünkel da oder da noch vorhanden sein sollte, das übernimmt dann die Wehrmacht zur weiteren Be-
handlung auf zwei Jahre. Und wenn sie dann nach zwei
oder drei oder vier Jahren zurückkehren, dann nehmen wir

sie, damit sie auf keinen Fall rückfällig werden, sofort wieder in SA, SS usw., und sie werden nicht mehr frei ihr ganzes Leben. 25

Hitler, Adolf: Reichenberger Rede (Reichenberg am 02.12.1938).
In: Völkischer Beobachter, 04.12.1938, http://www.politischebildung.
com/pdfs/ecker_a231.pdf [31.03.2020]

Materialien

Ödön von Horváth: Sportmärchen –
Der Faustkampf, das Harfenkonzert und
die Meinung des lieben Gottes

In den Jahren 1924 bis 1933 schrieb Horváth 27 kurze Prosatexte zum Thema Sport, die er als »Sportmärchen« in verschiedenen Zeitungen veröffentlichte. Dabei gab er seine Beobachtungen der herrschenden Sportbegeisterung auf satirische Weise wieder.

! k. o. !! k. o. !!!
heulten grelle Plakate in die Stadt; und der eines überhörte, dem sprangen drei ins Gesicht:
!k. o. !!k. o. !!!

5 Und nur ein einziges Zeitschriftlein wagte zu widersprechen; aus eines schwindsüchtigen Buchladens schmalbrüstiger Auslage wisperte sein fadenscheiniges Stimmlein: Harfenkonzert – – – Harfenkonzert – – –

Tausende gingen vorbei, bis einer es hörte; und das war ein
10 grauer, grober Mann, der sogleich stehen blieb; auf seine niedere Stirne zogen finstere Falten und aus seiner Tasche quoll ein großer gelber Zettel, den er knurrend auf das Fenster der Auslage klebte; und der Zettel brüllte bereits, kaum die Scheibe berührend, derart durchdringend, dass
15 Männlein und Weiblein von weitumher zusammenliefen:
!k. o. !!k. o. !!!

Da verstummte das Zeitschriftlein, denn nun schwand auch seine letzte Hoffnung; und in dem Schatten, den das tobende Plakat auf sein kleines Titelblatt warf, ward es sich
20 klar, dass seine Sache im Sterben sei. Und es schlich aus der Auslage, riss sich in Stücke und erhängte sich an einem gewissen Orte.

Später, als man das dem lieben Gott mitteilte, da zuckte er die Achsel und meinte:

»Hja, mein Gott – – –« [25]

Horváth, Ödön von: Sportmärchen, Kurzprosa und Werkprojekte. In: Vejvar, Martin unter Mitarbeit von Nicole Streitler-Kastberger: Werke Bd. 13, Berlin: de Gruyter 2017, S. 53 f.

Materialien

Carl Misch: Ewige Opposition der Jugend. Ödön von Horváths Schüler-Roman (12. November 1937) [Auszug]

Der Autor Carl Misch veröffentlichte anonym für die deutschsprachige Exilzeitung Pariser Tageszeitung vom 12. November 1937 eine Rezension zu dem Roman »Jugend ohne Gott«.

Von Ödön von Horváth erscheint ein bemerkenswertes Buch im Verlag Allert de Lange, Amsterdam. Es heisst *Jugend ohne Gott* und nennt sich Roman. Aber es könnte auch heissen »Jugend im Diktaturstaat«, und dann wäre es
5 eine Reportage. Man könnte es auch »Frühlingserwachen im Schülerlager« nennen, und dann wäre es das, was bei den Engländern und Amerikanern »thriller« heisst, ein Sensationsbuch.
Ein junger Lehrer von heute schildert in Tagebuchauf-
10 zeichnungen seine Erlebnisse mit einer Mittelschulklasse. Alles ist abgerückt, leicht vernebelt, die Schüler werden mit Anfangsbuchstaben bezeichnet, kaum ein Wort deutet darauf hin, dass man es wohl mit einer süddeutschen, wahrscheinlich bayrischen Mittelstadt zu tun hat, und
15 dass die Handlung in Hitler-Deutschland spielt. Das Politische strömt von selbst hinein, ohne dass etwas Parteipolitisches enthalten wäre. Alles entspringt aus einem Humanismus und Individualismus, der seine höhere Aufhebung in einer religiösen Ethik findet. So entspricht das Buch der
20 geistigen Haltung vieler Oppositioneller, die unterm Hakenkreuz schmachten, tausend Konzessionen machen, bis bei der tausendundersten der Geduldsfaden reisst und der Konflikt zwischen dem Ich und dem Staat, diesem tyrannischen Staat ausbricht.

Anonym: Ewige Opposition der Jugend. Ödön von Horváths Schüler-Roman. In: Pariser Tageszeitung, 12. November 1937. In: Krischke, Traugott: Horváth-Chronik. Daten zu Leben und Werk. Frankfurt/Main: Suhrkamp 1988, S. 152.

Ödön von Horváth: Interview in Wiener Allgemeine Zeitung (5. Juli 1931)
[Auszug]

Horváths Äußerungen wirken heute wie eine Vorausdeutung auf die aktuelle Situation, in der Hate Speech in den sozialen Medien oder populistische Angriffe gegen Fremde die Politik bestimmen.

Es geht nicht gegen die Politik, aber gegen die Masse der Politisierenden, gegen die vor allem in Deutschland sichtbare Versumpfung, den Gebrauch politischer Schlagworte. Das Charakteristikum des »faschistischen Diskurses« ist nicht so sehr in der Beeinflussung von Meinung zu sehen als vielmehr in einer negativen Form der Beschränkung von Artikulationsmöglichkeiten.

Anonym: Ödön von Horváth in Wien. Gespräch mit dem Verfasser von *Italienische Nacht*. In: Wiener Allgemeine Zeitung 5.7.1931; zit. nach Horváth, Ödön von: *Sladek / Italienische Nacht*. In: Streitler-Kastberger, Nicole unter der Mitarbeit von Martin Vejvar und Sabine Edith Baum: Werke Bd. 13, Berlin: de Gruyter 2017, S. 228.